네트워크 마케팅 회사가 알려주지 않는 진실

굿바이 딜레마

내 마음의 지도

우리가 세상을 보는 방식은 개인적이다.

그래서 '마음의 지도'가 생겨난다.

마음의 지도는 다른 모든 지도가 그렇듯이

객관적인 현실과는 다르다.

하지만 마음의 지도는 우리의 생각을 언어로 변화시켜

주위에 나의 현실을 알린다.

-엘리자베스 하버라이트 〈코칭 리더십〉 중에서

네트워크 마케팅 회사가 알려주지 않는 진실

굿바이 딜레마

김태균 지음

개미와베짱이

차 례

비즈니스 전문가는 아니더라도
네트워크마케팅에 대해 알아야 하는 이유!

경제가 어려울수록 유혹의 목소리는 계속된다

강원랜드는 우리나라에서 가장 큰 카지노이자 합법적인 오락 장소다. 흔히 강원랜드에 가보면 경기를 알 수 있다고 말한다. 불황일수록 강원랜드의 손님도 늘어나기 때문이다.

최근 강원랜드는 지난해보다 방문객이 평균 20% 이상이나 늘어 무려 63만 명을 넘고 있다고 한다. 주말엔 평균 1만 명, 평일엔 7000명이 카지노에 입장을 해 밤을 새가며 도박을 한다.

이처럼 경기 침체가 지속되면 자연스레 대박을 노리는 심리가 작용하면서 도박장은 물론 로또와 경마장을 찾는 사람들도 증가한다.

그렇다면 우리는 왜 어려울 때마다 이 같은 한탕주의의 유혹에 빠져드는 것일까?

그 이면에는 미국 발 경제위기로 인한 세계 경제의 침체와 고환율 등 여러 요건이 있다. 가정생활은 갈수록 어려워지고, 직장인들의 필수 재테크라고 여겨지던 펀드와 주식도 반 토막 나면서 그나마 가졌던 꿈도 그 희망의 빛을 잃어 버린 것이다.

게다가 유례없이 높아진 실업률과 우왕좌왕하는 정치적 불안, 국론의 분열 등으로, 2009년부터 지난 IMF와는 비교할 수 없는 혹한이 몰아칠 것이라는 전망이 속속 일확천금의 대박을 찾는 이유가 되고 있다.

사실 이런 상황에서 성실하게 일하는 것이 최고라는 생각이 과연 크게 작용할 수 있을까? 아마 쉽지 않을 것이다.

나날이 생활에 쪼들리다 보면 아무리 일해도 끝이 보이지 않는다는 절망적인 생각에, 작은 푼돈으로 대박을 터뜨려 보자는 사행 심리가 많은 이들을 유혹하게 될 수밖에 없기 때문이다.

등록금을 잃은 대학생들, 전세자금을 날린 신혼부부, 소액대출로 도박을 하다가 사채까지 손을 댄 사업가 등, 그들은 우리가 가까운 곳에서 마주치는 얼굴들이며, 이는 우리 또한 한탕주의로부터 안전하지 않다는 것을 암시하고 있다.

그러나 진짜 큰 문제는 이 같은 사행 심리로 인한 피해자들이 그 누구도 아닌 우리 이웃들이라는 점이다.

변화의 시대에는 항상 승자와 패자만이 존재한다

그러나 모두가 이 같은 유혹의 목소리에 빠져드는 것은 아닐 것이다. 돌이켜 보면 이런 경제적 어려움은 비단 어제 오늘만의 문제가 아니었다. 우리가 일찍이 겪었던 1998년의 구제금융 사태는 물론, 그 이후로도 우리는 크고 작은 경제적 변화의 시기를 잘 견디면서 지내 왔다.

사실상 현재 언급되는 부동산 및 주식 시장의 위기만 해도 사실 오래전부터 지적되어 온 문제다. 많은 전문가들이 세계적인 자본주의 경제의 지나친 경쟁 구도, 부동산 버블 등을 언급하며 그 위험성을 경고한 바 있으나, 문제는 경제 정책을 실시하는 정부나 경제의 기득권을 쥐고 있는 이들이 그 말에 귀를 기울이지 않았다는 점이다.

사실 자본주의의 폭주는 세계적 현상인 만큼 어느 한 사람만의 지적이나 경고만으로는 어찌해 볼 수 없고 일반 서민들로서도 혼자 감당하기 어려운 문제다.

상황이 이렇다 보니 최근 들어 무리한 대출로 집을 장만했다가 부동산 가격 하락으로 피해를 입거나 펀드와 주식이 반 토막 나면서 절망에 빠진 이들은 말 그대로 '앉아서 고스란히 당하는' 꼴이 될 수밖에 없었다.

그러나 누군가는 어려운 시기에도 부자가 되고, 누군가는 더 가난해진다는 점을 기억할 필요가 있다. 사실상 부의 양극화 현상은 이제 피할 수 없는 세계적 현상이 되었다. 이런 상황에서 우리가 현실적으로 할 수 있는 일은, 이 중 어느 길로 들어설 것인가, 이 위기를 어떻게 타개할 것인가를 선택하고 나서서 행동하는 일일 것이다. 유혹의 목소리에 빠져 일확천금을 노리다가 몰락할 것인가, 아니면 삶에 변화를 유도하고 새로운 비전을 통해 올바른 길을 찾을 것인가도 역시 우리가 선택해야 할 문제다.

위기는 항상 변화를 동반한다고 한다. 예컨대 전쟁학자들은 전쟁의 끔찍한 포화에는 반대하지만, 전쟁에도 순기능이 있다고 말한다. 기존의 체계가 흔들리고 무너지면서 새로운 세상으로 도전해 볼 수 있는 기회인 것이다. 물론 죽고 죽이는 전쟁을 긍정적으로 봐서는 안 되겠지만, 위기 사태에 놓인 인간 사회는 변화를 통해 승자와 패자가 양산된다는 점에서 또 다른 전쟁터와 다름 아닐 것이다.

그렇다면 이 같은 상황에서 우리는 어떤 방향으로 어떤 기회를 마련해야 할까?

돈에 끌려 다니지 말고 돈이 따라오는 사업을 하라

역설적이지만, 돈을 벌려면 오히려 돈과 멀어지라는 말이 있다. 물론 자본주의 사회는 돈이 절박할 수밖에 없는 사회다. 그러나 돌이켜 보면 돈에 절박한 심정을 갖게 되는 때는, 그 돈을 급하게, 또는 무리하게 벌려고 할 때인 경우가 많다. 불황일수록 더 벌어야 한다는 생각, 좀 더 쉽게 돈을 벌고 싶다는 생각이 예기치 않은 유혹의 그물에 우리를 빠뜨리는 것이다.

그럼에도 아직 일확천금이 그립다면 좀 더 현실적으로 생각해 보자. 물론 이 세상에는 노력하지 않고 돈을 버는 사람도 있다.

그렇다면 과연 우리 주위에는 그런 사람이 몇이나 되는가? 과연 주변에 로또를 사고 도박을 하는 사람 중에 과연 몇이나 큰돈을 벌었는가? 당신은 매주 로또에 당첨되기 위해 꼬박꼬박 정기적으로 로또를 사 주는 사람이 되고 싶은가? 아니면 변화의 시기, 새로운 비전 속에서 노력하며 일궈 가는 인간다운 삶을 살고 싶은가?

앞서도 이야기했지만 돈은 허상과 같아서 쫓아다닐수록 사람을 절박함 속으로 몰아낸다. 즉 돈을 쫓아다니는 것과, 돈이 쫓아오도록 만드는 것은 분명히 다르다. 그렇다면 돈이 쫓아오도록 만드는 힘은 과연 어디에 있는 것일까?

이 책은 바로 그것이 '네트워크 비즈니스 시스템'에 있다고 말한다. 이를테면 시스템은 돈이 일정한 통로를 통해 들어올 수 있도록 만드는 사막의 파이프라인과 같은 것이다. 만드는 데 어느 정도 수고와 시간은 들어도 일단 구축해 놓으면 정기적으로 일정한 이익을 얻을 수 있으며, 그 결과 뜬구름이나 허상이 아닌 현실에서 경제적 자유를 누릴 수 있다. 게다가 노력 여하에 따라 시스템을 복제해 더 큰 파이프라인을 연결함으로써 더 큰 이익을 얻을 수도 있다.

불법 피라미드, 그 함정에서 벗어나기

네트워크마케팅이 처음 등장한 것은 1930년대 초 미국의 경제 대공황 시절이었다. 당시 사람들은 경제 위기 속에서 끔찍한 실업률을 겪었고 그로 인해 새로운 활로를 찾아 나섰는데 그 중에 하나가 바로 네트워크마케팅이다. 어찌 보면 네트워크마케팅은 불황일수록 더욱 큰 기세를 발휘했던 셈이다.

그리고 이처럼 대공황의 혼란 속에서 탄생한 네트워크마케팅은 오랜 시간과 세월을 견디며 지금까지도 그 명성을 이어오고 있다. 게다가 그 새로운 혁신성을 인정받으면서 많은 선진국형 사업 분야에 도입되었으며, 현재 미국의 통신회사인 엑셀, 우리나라의 KTF, LGT 등과 암웨이, 하이리빙, 모티브비즈, NRC, CCM 등이 이 시스템을 도입하고 있다.

그러나 이 네트워크마케팅 시장이 전 세계적인 지평을 넓혀가는 가운데 아직도 해결하지 못한 난관이 있다. 바로 '불법 피라미드'에 대한 사회적 통념이다.

1980년대 우리 정부는 네트워크 사업 자체를 불법으로 규정했고, 그로 인해 음성적인 '불법 다단계'가 엄청난 피해자들을 양산한 적이 있다. 그리고 그 시대의 정신적 상처는 아직까지도 네트워크마케팅에 대한 일반적 생각에 그늘을 드리우고 있다. 많은 이들이 '불법 피라미드'와 네트워크마케팅을 혼돈하거나 구별하지 못함으로써 많은 피해자가 양산되고,

선진국형 유통 시스템으로 인정받은 네트워크마케팅 시스템의 선진성까지 훼손되고 있다.

이 책은 불황의 시대에 앞으로 더 많은 피해자를 양산할지 모르는 불법 피라미드 사업으로 인한 피해를 방지하고, 합법적이며 합리적인 네트워크사업에 대한 올바른 정보를 전달하기 위해 쓰여졌다.

네트워크마케팅은 결코 하위구조의 착취와 경쟁을 부추기는 사업이 아니며, 모든 것을 걸고 배팅하는 사업도 아니다. 사람과 사람 사이의 생활 속에서 자가 소비를 통해 장기적인 수익을 보장하는 것이 이 사업의 목적이기 때문이다.

만일 지금 누군가로부터 네트워크 사업을 전달받았다면 이 책을 먼저 펼쳐라. 그곳이 만일 합법적이고 올바른 회사라면 분명히 여기서 지적하는 문제들에 대해 명쾌한 해답을 얻을 것이며, 그렇지 않다면 다시 한 번 의심을 품어야 할 것이다. 또한 이 책에서 말하는 네트워크마케팅의 시스템을 정확히 이해하기만 해도 현재 우리를 지배하고 있는 사행심리의 피해에서 벗어날 수 있다는 점을 기억하기 바란다.

13

네트워크 비즈니스에 대해 당신이 알고 있는 진실 지수는?

이 책을 펼치기 전에 우선 네트워크 회사에 대한 나의 인식이 어느 수준인지 체크리스트를 통해 알아보자. 각 문항에 대해 답하고 그 지수를 체크하면 된다.

1. 주위에서 네트워크 비즈니스를 접하게 된 경로는?

  1. 가까운 친척으로부터

  2. 직장동료로부터

  3. 친구로로부터

  4. 퇴직한 직장 상사로부터

  5. 동호회, 동문회, 종교단체, 각종 모임 등 다양한 경로를 통해

2. 네트워크 비즈니스에 대해 설명하는 매체를 접한 경로는?

  1. 전혀 접하지 않았다.

  2. 신문, 비즈니스 잡지를 통해 관련기사를 읽는 편이다.

  3. 관련 서적을 3권 이상 읽었다.

  4. TV 뉴스에서 가끔 듣는 편이다.

  5. 사업 설명회가 있으면 찾아가서 듣는 편이다.

3. 네트워크 사업 하면 떠오르는 것은?

  1. 친인척을 피해자로 만드는 일

  2. 모두를 사장님이라 호칭하는 집단

  3. 사업설명회에서 '월 천 만원' 이상의 수익을 얻는다고 말하는 사업

  4. 한번 빠지면 돌아올 수 없는 곳

  5. 불황일 때 잘되는 사업

4. 네트워크 비즈니스에 대해 어느 정도 아는가?

  1. 물건을 파는 곳이라는 정도만 안다.

  2. 회원을 많이 유치하면 돈도 많이 들어오는 사업이다.

  3. 직급에 따라 수익의 차이가 있다.

  4. 회사에서 유통하는 상품에 따라 수익 차이가 많다.

  5. 좋은 상품과 서비스를 제공하고 유통·광고비의 일부를 보상으로 받는다.

5. 사업으로부터 피해 시 구제 방법을 알고 있는가?

  1. 전혀 모른다.

  2. 생각하기도 싫다.

  3. 구제 방법이 있다는 말만 들어왔다.

  4. 감독 기관이 관리하고 있다고 했다.

  5. 정상적인 사업이라면 피해구제 공제조합이 있으며 법률적 조치가 가능하다

6. 우리나라에 네트워크 비즈니스를 적용한 업체는 얼마나 될까?

　1. 모른다.

　2. 그냥 여러 회사가 있다고 들었다.

　3. 셀 수 없을 정도로 많다.

　4. 내가 가입한 회사에 대해서만 알고 있다.

　5. 전국에서 300여 개 업체가 사업하는 걸로 안다.

7. 네트워크 회사에서 하는 사업 분야로는 어떤 것이 있는지 아는가?

　1. 금융상품 및 투자 유치 사업을 하는 걸로 알고 있다.

　2. 상조용품 사업을 한다.

　3. 건강 기능 식품 및 화장품을 판매 한다.

　4. 통신(핸드폰 가입자 유치)사업을 한다.

　5. 생활 소비 제품 등 다양한 제품군이 있다.

8. 네트워크 비즈니스의 사업 전망에 대해 어떻게 생각하는가?

　1. 전혀 모른다.

　2. 전망 있는 사업이다.

　3. 시대가 요구하는 21세기형 사업이다.

　4. 꼭 참여해야만 하는 사업이다.

　5. 꾸준한 학습과 노력을 기울이면 성공이 보장되는 사업이다.

9. 네트워크 비즈니스 또는 네트워크 마케팅에 대해 알고 있는가?

  1. 전혀 모른다.

  2. 들어보긴 했지만 정확한 의미는 모른다.

  3. 주변사람으로부터 들어 대충은 안다.

  4. 사업설명회와 책 한 두권 정도 읽어 봤다.

  5. 꼭 해볼만한 미래형 사업 형태이다.

10. 네트워크 비즈니스와 다단계 사업의 차이를 알고 있나?

  1. 전혀 모른다.

  2. 같은 말이다.

  3. 개념상 차이점을 대충 알고 있다.

  4. 가입 및 사업 진행 방법이 서로 다른 걸로 알고 있다.

  5. 정확히 알고 있다.

11. 네트워크 비즈니스는 합법적이고 윤리적인 사업인가?

  1. 잘 모르겠다.

  2. 불법 사업 방식이다.

  3. 유통회사가 만들어 낸 사업이다.

  4. 좋은 사업 같은데 너무 다양해서 선택이 어렵다.

  5. 미래형 사업이고 선진국형 사업이다.

12. 네트워크 비즈니스로 성공한 사람들이 있다고 생각하는가?

1. 없다.

2. 내 주변에는 없다.

3. 성공했다고 하지만 사실은 별로 없다.

4. 상위사업자 소수만 성공한다.

5. 분야별로 많은 성공 자가 있다.

13. 한번쯤 사업 설명회를 듣고 난 소감은?

1. 공감하지 못하겠다.

2. 그럴 듯하지만 현실성이 없다.

3. 인맥 많고 말 잘 하는 사람만 잘 할 것 같다.

4. 한 번 해보고 싶은데 선뜻 용기가 안난다.

5. 빨리 접하지 못해 후회스럽다.

14. 네트워크 사업으로 당신의 미래를 설계할 수 있다고 생각되는가?

1. 없다.

2. 말은 그럴듯 한데 나와는 안 맞는 것 같다.

3. 안 되면 그만두더라도 시도해 볼 만하다.

4. 일단 해보겠다.

5. 충분히 배우고 꾸준히 노력하면 성공한다는 믿음이 간다.

15. 주위 사람으로부터 사업 정보를 전달 받는다면 어떻게 하겠는가?

1. 관심 없다.

2. 전달하는 사람과 연락을 두절 하겠다.

3. 주는 자료를 검토해보겠다.

4. 사업 설명회에 참석하겠다.

5. 적극적으로 검토해보고 선택하겠다.

자기 평가표

※ 모든 점수의 합을 계산한다

30점 이하	사업에 대한 정확한 정보에 대해 보다 관심을 가질 필요가 있다.
30~45점	네트워크 사업에 대해 대충은 알고 있다.
45~60점	평균적인 수준인 만큼 관련 자료를 습득하여 시간을 투자해야 한다.
60점 이상	네트워크 비즈니스에 대해 충분히 이해하고 있으므로 열정을 가지면 성공할 수 있다

제1장

유혹 속에 감춰진 실체

1

어떻게 이런 일이

4兆… 사상 최대 '다단계 사기' 적발

2년 만에 전국에서 2만5000여명 끌어 모아
대표 구속… 실질적 우두머리 등 10명 출금

대구·부산·인천 등 전국 각지에서 2만5000여명의 투자자를 끌어모아 수조원대 피해를 입힌 불법다단계 업체가 적발돼, 경찰이 수사에 나섰다.

경찰은 "의료기기 대여사업을 미끼로 투자자를 끌어모은 이 업체는 지난달부터 투자자들에게 배당금을 주지 않은 채 운영자들이 종적을 감춰 운영이 마비됐다"며 "이로 인한 피해액이 약 4조원으로 추정돼 2006년 발생한 '제이유' 사건 피해 규모보다 2배 이상 큰 사상 최대의 다단계 사기 사건"이라고 말했다.

대구경찰청은 최근 이 같은 혐의로 이 회사 대표 권모(48)씨를 구속하고, 이 조직의 실질적 우두머리인 조모(51)씨 등 임직원 10명에 대해 출국금지조치를 내렸다고 20일 밝혔다. 또 대구와 부산 등지의 센터장 등 업체 관계자 182명을 불러 조사를 벌였다.

이들은 2006년 10월 대구 동구 신천동에 'BMC'라는 회사를 차린 뒤 공기청정기나 안마기 등 건강용품을 1대당 440만원에 구입하면 이를 복육탕이나 PC방 등에 대여해 생기는 이익을 배당금 형식으로 8개월 동안 581만원씩(수익률 32%) 나눠 준다

고 유혹해 약 2년 동안 무려 2만5000여명을 끌어 모은 혐의를 받고 있다.

경찰 관계자는 "배당금을 8개월 동안 166차례에 걸쳐 한달에 2만5000~4만원씩 계좌에 넣어주기 때문에 투자자들은 별다른 의심을 하지 않았고, 불황 속에 쏠쏠한 이익을 볼 수 있다는 데 끈인 것 같다"며 "그러나 회사는 지급된 배당금을 다시 투자하도록 권유했기 때문에 투자자들은 실제 이익 없이 고스란히 투자금만 날린 꼴이 됐다"고 말했다.

경찰이 조사에서 밝혀낸 회사의 실체는 이렇다. 투자자를 단계를 7개로 나눠놓고 다른 투자자를 모집해 올 경우 단계마다 정해진 수당을 건네는 전형적인 '피라미드 방식'으로 운영됐다. 대구에서는 'BMC'에서 '엘틴', '엔스', '씨엔'으로 4차

례나 회사이름을 바꿔가면서 1만5000여명으로부터 1조9000억원을 끌어 모았다.

사업이 성공하자 부산에 ㈜벨린, 인천에 ㈜라리브 등의 법인을 만들어 제2, 제3의 거점으로 잡았고, 불과 2년 만에 전남·전북, 제주도를 제외한 전국 각지에 법인 15개와 지역센터 50여개를 개설했다.

피해자들은 대부분 주부였으며, 1인당 적게는 500만원에서부터 많게는 수억원까지 투자한 것으로 조사됐다. 경찰은 피해자 수가 더 늘어날 것으로 보고 피해자들의 적극적인 신고를 당부했다.

이번 사건 피해자들은 지역별로 비상대책위원회를 꾸리거나 온라인 모임을 만들어 대책마련에 나서고 있다.

대구=최수호 기자 suho@chosun.com

〈출처 : 조선일보 2008년 11월 21일〉

최근 들어 또다시 불법 피라미드 사업이 사회적 이슈가 되고 있다. 불법 피라미드 사업이란 정상적인 상품 유통 시장이 아닌 변칙적인 투기 수단으로 변질된 사업을 말한다.

22 제1장 ● 유혹 속에 감춰진 실체

이 사업은 대개 막대한 금전적 피해를 양산할 뿐 아니라, 피해자 대부분이 친구와 가족, 친척까지 회원으로 끌어들임으로써 인간관계와 가정파탄까지 빚게 만드는 용납할 수 없는 범죄형 사업이다. 게다가 최근에는 그 수법이 지능화되어 예전의 생활 품목들을 넘어 상품권·주식·부동산·금융 다단계 등과 학자금 대출을 노리는 대학생 다단계까지 그 범위가 넓어지고 있다.

이 불법 다단계 사업은 기형적인 구조를 가지고 일확천금의 꿈을 부추기면서 작게는 몇 억, 크게는 수조 원의 피해를 내는데, 대표적으로 '물건을 살수록 소득이 높아진다' 는 고액 소비를 부추기는 형태로 진행된다. 예를 들어 '유통 마진의 250%를 되돌려 준다' 며 마진에 혹한 회원들을 끌어 모아 피해를 입히는 방식이다.

예를 들어 어떤 불법 다단계 사업은 안마의자 하나에 2300만원이나 하는(수당 4000만원) 등 터무니없는 물건 가격을 제시하고 난 뒤 구입을 해도 실제 물건이나 수당을 주지 않기도 했다.

그런가 하면 또 다른 불법 다단계 회사는 '갈아타기' 로 위험을 모면하기도 한다. 과도한 사업자 유치와 무분별한 물품 판매로 인해 사업이 위기에 처하면 갑자기 보상 플랜을 변경하고 또 다른 신규 사업을 만드는 식이다. 예를 들어 J사의 경우는 서해 유전 개발을, 또 다른 회사인 W사의 경우는 2005년 사업이 어려워지자 빛 엑스포 등의 행사를 빌미로 회원들의 투자를 끌어 모아 구멍 난 자금을 메웠다. D사 역시 2007년 12월 '2080

플랜' 등 보상 방식을 바꾸고 또 다른 법인을 세워 상품권 사업에 진출하는 식으로 기존 피해자들을 방치하고 이리저리 더 많은 투자자를 끌어 모았다.

더 큰 문제는 법망까지도 속속 피해가는 등록되지 않은 불법 회사들이다. 검찰에 의하면 대형 불법 사업체들의 경우 감시와 처벌을 진행하기 쉽지만 제대로 파악하기 힘든 소규모 불법 업체들은 그러기가 어려우며 이들이 양산한 피해액까지 합치면 불법 다단계 피해액 규모가 눈덩이처럼 불어날 것이라며 우려를 내비치기도 했다.

한 예로 최근 대구 · 부산 · 인천 등 전국 각지에서 2만 5000여명의 투자자를 끌어 모아 수조 원대 피해를 입힌 중견 불법 다단계 업체가 적발된 적이 있었다. 이들은 큰 사업체가 아님에도 불구하고 그 수법이 놀랄만큼 대담하고 피해액도 엄청났다. 이 회사는 의료기기 대여 사업을 미끼로 투자자를 끌어 모은 뒤 투자자들에게 배당금을 주지 않고 종적을 감춰 버렸는데, 그 방식은 대략 다음과 같다. 이들은 일단 불법 회사를 차린 뒤 공기청정기나 안마기 등 건강 용품을 1대당 440만원에 구입하면 이를 목욕탕이나 PC방 등에 대여해 생기는 이익을 배당금 형식으로 8개월 동안 581만원씩(수익률 32%) 나눠 준다고 홍보했다. 그리고 이 홍보를 통해 약 2년 동안 무려 2만 5000여 명이라는 사업자를 끌어 모은 뒤 돈이 모이고 나자 종적을 감춰 버렸다.

게다가 이로 인한 피해액은 무려 4조 원으로 2006년 '제이유' 사건 피해 규모보다 2배 이상 컸다. 당시 대구 경찰청이 구속과 출국금지 조치를 내린 업체 관계자는 임직원 10명, 업체 관계자182명 등 무려 200명이나 되었다고 한다.

이들이 남기고 간 것은 말 그대로 폐허뿐이었다. 경찰이 조사 발표한 바에 따르면 이 업체로 인해 피해를 입은 이들은 대부분 주부였는데, 1인당 적게는 500만원에서부터 많게는 수억 원까지 투자했다고 한다. 게다가 이런 피해를 당하고도 가족들에게 알려지는 것이 두려워 신고를 취하한 소규모 투자자와 함께 아직 밝혀지지 않은 피해액이 상당하다고 한다.

이번 사건 피해자들은 지역별로 비상대책 위원회를 조직하거나 온라인 모임을 만들어 대책마련에 나서고 있지만, 이미 허공으로 사라진 돈을 되돌려 받기는 불가능할 것으로 보인다.

그렇다면 사람들은 어째서 이렇게 피해를 볼 것이 뻔한 불법 다단계에 빠져드는 것일까? 그 이유는 과연 무엇일까?

2

왜 불법 사업설명회에 현혹되는가?

그렇다면 이번 장에서는 사람들이 어떤 경로로 이런 불법 다단계 사업에 발을 들이는지 그 과정을 알아보고자 한다. 대표적으로, 이런 불법다단계 사업들이 사람을 끌어들이는 가장 직접적인 경로는 이들이 주최하는 사업설명회다. 사실 사업설명회는 대부분의 사업 활동에서 투자자나 회원을 유치하기 위해 개최하는 정당한 모집 방식이다. 주변을 보면 증권사, 부동산, 일반 기업의 제품 설명 등 다양한 사업설명회가 열린다. 이같은 합법적 사업설명회들은 사업에 대해 충분한 설명을 하고 판단은 참석자의 자유로운 판단에 맡기는 식으로 이루어진다. 반면 불법다단계 사업설명회의 경우는 사람의 마음에 숨겨진 사행심을 부추겨 이성적 판단을 마비시키기 위한 전략적 단계의 하나로 사용된다.

　사실 아무리 평범하고 성실하게 살던 사람들도 일단 "10계좌에 330만 원을 투자하면 40일 이내 1500만원을 드립니다. 투자액 대비 500%를 보장받게 됩니다." 식의 말을 들으면 귀가 솔깃할 것이다. 그리고 불법 사업 설명회에서는 이런 허황된 사업 방식도 얼마든지 그럴듯 하게 포장해서 설명한다. 불법 다단계 설명회는 이처럼 듣는 사람으로 하여금 정신의 혼란과 갈등을 부추겨 판단력을 약화시킴으로써 소기의 목적을 달성하는 것이다. 실제로 불법다단계 사업설명회장을 가보면, 공허한 말에 속아서 찾아온 나이를 불문한 다양한 계층들이 자리를 잡고 앉아 있다. 그들은 겉으로 보기에는 멀쩡하지만 한 가지 공통적인 특징이 있다. 바로 단기간에 고수익의 일확천금을 바란다는 점이다.

　흔히 얘기를 들어보면 설명회에서 오가는 말도 언뜻 들으면 일리가 있어 보인다는 것이 중론이다. 이들은 하나 같이 고수익을 보장하며, 신뢰를 강조한다. 한 예로 강남에 자리 잡은 R사의 경우 자신들의 제품이 명품 브랜드와 독점계약을 하고 유명 백화점에 공급할 것이라고 광고하면서 330만원을 투자하면 20일내 200만원, 40일내 800만 원 등 총 1500만 원을 벌 수 있다고 약속한 바 있다.

　이성적으로 들으면 이 말이 거짓말임이 불 보듯 뻔하지만, 놀라운 것은 앞뒤 가리지 않고 그 말을 믿고 투자를 결정하는 사람이 적지 않다는 점이다. 그들은 이들의 제안을 깊이 생각해 보기도 전에 이 사업에 투자를 결정하는 조급한 모습을 보인다.

바로 여기에 사업설명회의 무서운 이면이 존재한다. 피해자 이들은 과연 바보라서 여기에 걸려드는 것일까?

만일 나라면 그렇게 하지 않을 텐데 하는 생각이 든다면 오산이다. 불법 다단계의 사업 설명회는 고도의 심리전을 방불케 하며, 이성보다는 감성을 자극하는 심리적인 측면이 강하다.

정상적 판단으로 보면 그 큰 수익을 내는 사업 모델이 정말 있기나 한지, 있다면 그것이 정당한 것인지를 따져보고, 회사의 이윤과 투자자 이윤을 모두 고려해야 하는데, 이런 설명회에서는 나의 이윤만 눈앞에 크게 보이게 되니 심리적으로 판단이 흐려지고 지금 참여하지 않으면 안 될 것 같은 조급한 마음이 드는 것이다.

또한 조목조목 따지며 진위를 논하려는 사람에게는 성실한 설명을 하기보다는 자존심을 상하게 만드는 것도 이들의 수법이다. 뒤돌아서 나가는 사람에게 "멍청한 사람(?)은 아무리 설명해줘도 못 알아들어"라는 혼잣말이 들리도록 한다.

본질적으로 네트워크 비즈니스의 소비자는 중간 유통 과정이 생략된 저렴한 가격에 질 좋은 제품을 이용 할 수 있고, 제조업체는 별도의 유통망이 없이 판로를 확보할 수 있어 최근 소비재 시장을 중심으로 각광받고 있는 사업 시스템으로, 최근 TV 홈쇼핑과 인터넷 쇼핑몰, 전자상거래 등과 함께 새로운 신 유통문화를 만들고 있다. 즉 합법적인 네트워크마케팅은 질 좋고 값싼 물건을 구입하고 이용하면서 캐쉬백을 받을 수 있는 형태로, 주위 사람들에게 좋은 제품을 소개하면 그 만큼 자신에게 이익이 돌아오는 방식이다.

그러나 불법다단계 방식은 이런 네트워크 비즈니스의 시스템과는 전혀 다르다. 이들은 비싸고 질 나쁜 물건들을 많이 파는 것이 목적이며, 자연스럽게 재구매를 유도하는 대신 사람을 억지로 끌어들여 그 사람이 물건을 사야만 자신에게 이익이 돌아오게 만든다. 그리고 이런 무리한 사업 방식을 이어가려면 사행심리를 부추겨 큰돈을 벌 수 있다는 환상을 심어주어야 하므로 독특하고 반강제적인 사업 설명회를 이용하게 된다.

이런 설명회를 찾는 사람들은 대부분 아는 사람을 통해서 오게 되는데 대학생, 주부, 직장인 할 것 없이 많은 사람들이 빠져든다. 또한 아무리 나쁜 인식을 가지고 있더라도 직접 현장에서 설명회를 듣고 주위 사람들의 성공담을 들으면서 나쁜 인식들은 사라지고 금방이라도 돈이 잡힐 것 같은 환상에 빠지게 된다.

불법다단계 회사의 7가지 특징

1. 오만 : 자신들만이 옳다고 생각한다.
2. 멜로드라마 : 주목받으려고 한다.
3. 변덕 : 분위기를 멋대로 주도한다.
4. 습관적인 의심 : 자신들 사업 외의 것들은 모두 부정적인 측면만 말한다.
5. 위험한 행동 : 룰은 깨지기 위해 있는 것이라 믿는다.
6. 수동적 저항 : 옳다고 믿는 것을 말하지 못하도록 한다.
7. 돈에 연연하는 마음 : 돈 버는 것에 집착하게 한다.

일반적으로 불법다단계 사업설명회는 3단계에 걸쳐 이루어진다.

첫 단계는 네트워크 비즈니스의 플랜을 설명하는 것이다. 이 단계에서는 이 사업이 얼마나 획기적인지를 주입시킨다. 이를테면 네트워크 비즈니스의 마케팅 방식을 예를 들어 설명하며 네트워크 비즈니스가 각광을 받고 있다고 강조한다. 이때 거부감을 가진 사람도 이 설명을 들으면 나쁜 인식이 다소 희석된다고 한다.

두 번째 단계는 자신들의 회사가 합법적이라는 것을 강조하는 것이다. 피라미드로 피해를 보는 사람들이 많지만 그들은 불법이고 자신들은 법적으로도 보장받은 업체임을 강조하면서 제품 홍보를 곁들인다.

세 번째 단계는 자신들의 회사에 관한 사업방식에 대해 설명하는 앞의 두 단계를 거치면서 어느 정도 해 볼만하다는 생각을 가진 사람들에게 본격적으로 사업을 유도하는가 하면, 쉽게 돈을 벌 수 있다고 강조한다. 결국 사람들은 네트워크마케팅에 대한 설명인 첫 단계와 불법다단계에 대한 설명인 두번째 단계를 같은 것으로 혼동하고, 순식간에 결정을 내리게 된다.

이런 사업설명회는 쉽게 말해 철저한 세뇌교육을 통한 주입식 교육이라고 보면 된다. 다음은 한 불법다단계 업체 피해자였던 한 대학생의 회고담으로 전형적인 불법 사업설명회의 진전 단계를 보여준다.

"후배가 아르바이트 자리가 있다고 해서 따라 왔다가 불법다단계인 걸 알고 화가 나서 가려 했는데 '제발 얘기라도 듣고 가라' 고 사정해서 설명회를 들었다. 그것이 큰 실수였다.

처음엔 귀를 막고 듣지 않으려 했는데, 둘째 날이 되니 다단계가 꼭 나쁜 건 아니구나 하는 생각이 들었다. 그리고 셋째 날이 되니까 이 사업을 하지 않으면 큰일 나겠구나. 빨리 시작해서 돈을 벌어야 겠다는 생각이 들었다. 그곳은 완전히 바깥세상과는 동떨어진 새로운 세상이었다."

| 무서운 사업 설명회 |

1996년 10월, 서울 Y대 3년에 재학 중인 K양(21)은 아르바이트를 하기 위해 학교 동아리 선배인 L모군(25)을 따라 서울 송파구 가락본동 B빌딩을 찾았다가 사흘간 감금을 당한 채 이른바 '교육'을 받아야 했다. K양은 마치 유사 종교 집단을 연상 시키는 이상한 교육이 시작되었을 때에야 그곳이 불법 피라미드 판매 방식으로 시중에 유통되는 국내의 C화장품 회사임을 알았다고 했다.

당시에 젊은 대학생으로 보이는 강사가 연단에 올라온 뒤 자신도 역시 안내자의 '선의의 거짓말'에 이끌려 이곳에 왔다며 1주일간 교육을 마친 뒤 드라코(별자리 이름)가 되면 수익의 8% 이상을 자기 수입으로 얻을 수 있다고 설명했다. 그는 이어 하부 피라미드 판매원을 통해 판매를 늘리면 오리온 페가소스를 거쳐 월 1천만 원 이상의 수입을 올리는 갤럭시가 될 수 있음을 강조했다고 한다.

오후 6시쯤 지하 강당에서 벌어진 종례 시간에는 판매 활동을 끝내고 돌아온 2백 여 명의 20대 남녀가 몰려들었고 K양은 자신과 같은 학교 학생은 물론 사립 S대 와 S여대 등의 대학생들이 이 조직의 대부분이라는 사실을 확인하고 놀라움을 금치 못했다고 한다.

S대의 경우 같은 과 학생만 5~6명이나 되었다. 5시간 남짓 교육을 받은 뒤 집에 돌아가겠다고 말하자 회사 측은 다시 1주일만 더 교육을 받으라고 강요했다. K양 은 이들에 의해 봉고차에 태워져 7~8명의 남녀와 함께 경기도 성남의 다세대 주 택으로 옮겨졌다.

방 두 개와 부엌이 딸린 10여 평 크기의 반지하층에 들어간 K양은 "부모님이 걱정할 테니 집에 전화해야 한다"며 애원했지만 이 회사 판매원들은 "다음날 전화하게 해 주겠다"며 K양의 간청을 묵살했다. K양은 일단 체념한 상태로 자리에 누워 있다가 옆의 여자가 잠든 사이 도망치려 했다. 그러나 현관을 지키던 20대 남자에게 발각되어 탈출은 수포로 돌아갔다.

다음날 오전 5시에 일어난 K양은 졸린 눈을 억지로 비비며 봉고차에 올라 다시 교육장이 있는 가락동 B빌딩으로 향했다. 당일 오전 6시. '눈감고 명상하기'로 시작된 교육은 임원급이 참석하는 조회로 이어졌고 특강이란 이름의 상품 설명회까지 겹쳐 교육이 끝난 오후 6시쯤엔 온몸에서 힘이 쭉 빠지는 기분이었다. 다시 성남의 다세대 주택으로 돌아온 K양은 울먹이면서 집에 가게 해 달라고 간청했다. 그러자 조직원들은 "아직 이르다"면서 다른 얘기를 하지 않을 것을 약속 받은 다음에야 집에 전화할 것을 허락했다. 그들은 K양이 전화하는 동안 감시의 고삐를 늦추지 않았다고 한다.

하지만 이날 저녁 사흘째 K양이 울면서 집에 보내 달라고 애원하자 선배 L군은 매우 난처한 얼굴로 새벽 1시가 넘어서 그녀를 귀가시켰다.

K양의 증언에 따르면 그들은 폭력을 쓰지는 않았지만 신입사원은 1주일씩 반 감금 상태 속에서 교육을 받게 했고 감시원을 붙였으며, 전화 사용을 금지하거나 귀가를 막는 등 인신을 구속하는 상태에까지 이르렀다는 것이 그저 놀라울 따름이다. 물론 일확천금을 꿈꾸며 영혼을 팔아치운 일부 대학생들에게도 문제가 있지만 학업에 몰두해야 할 학생들마저 피라미드의 도구로 전락시키는 사업주의 발상은 아무래도 용서받지 못할 것이다.

네트워크 사업, 실체는 무엇인가?

그렇다면 네트워크 사업이 이처럼 한국 사회에서 열풍을 일으키고, 동시에 불법 다단계로까지 널리 퍼져 나가는 이유는 무엇일까?

그 이유를 살피려면 우선 네트워크마케팅의 사업원리를 이해할 필요가 있다. 우리가 흔히 다단계 마케팅이라고 부르는 네트워크마케팅은 한마디로 말하자면 '회원제를 결합시킨 무한 연쇄' 시스템이라고 볼 수 있다.

쉽게 말하면 맨 처음 한 사람의 소비자가 직접 사용해 본 제품 또는 서비스에 만족하면 이를 바탕으로 몇 사람의 다른 소비자에게 소개를 하고 이렇게 구축된 또 다른 몇 사람의 소비자가 그룹을 형성함으로써 지속적인 구매와 수입이 발생하는 시스템이다. 일단 이런 시스템이 갖춰지면 복제를 통해 무한 증식이 이루어지면서 전체 소비자 수가 기하급수적으로 성장해 커다란 사업 및 소비 그룹이 만들어지게 된다.

물론 우리나라 사람 대부분은 이런 설명을 들으면 "그 피라미드, 사기 판매 아니냐?" 라고 말할 것이다. 그러나 이에 앞서 우리는 현재 합법적인 네트워크마케팅 시스템이 선진국들은 물론 한국 사회의 유통 구조까지 바꾸고 있다는 점을 알아야 한다.

네트워크마케팅을 잘 살펴보면 기존의 유통 방식과는 완전히 다른 획기적인 면을 가지고 있음을 알 수 있다. 예를 들어 꾸준하게 성장하고 있는 네트워크마케팅 회사들의 경우는 매출 성장은 물론 시장 점유율을 잃는 경우도 드물다. 이는 바로 네트워크마케팅의 강한 결속력 덕이다.

네트워크마케팅은 회사와 고객 사이에 일종의 윈-윈(WIN WIN) 관계가 형성되어 있다. 즉 회사의 고객들이 제품의 만족과 보상의 기대를 바탕으로 사업자가 되면서 충성도 높은 상품 애용자가 되고, 그로부터 소개되는 고객들 역시 무한 구조로 이 회사의 제품을 직접 사용하면서 더 많은 소비자 그룹을 만들어 나가게 된다.

이들이 열심히 제품을 사용하고 소개하는 것은 사업자 자신이 아무리 그 상품을 소비하더라도 남에게 권하지 않으면 애써 구축한 소비 통로와 망이 붕괴되어 비즈니스 영역인 수입을 잃게 되기 때문이다.

예를 들어 한 소비자가 특정 회사의 생활용품을 사용하게 되면, 이제 그는 자신의 회사와 같은 시스템을 갖게 된다.

이는 회사가 큰 잘못을 저질러 고객을 떨어내지 않는 한, 웬만해서는 다른 제품에 눈을 돌리지 않는 충성 소비자가 생겨나고, 이렇게 한번 구축된 소비자 그룹이 회사의 동반자가 되어 다른 경쟁 기업들과 경쟁할 수 있는 힘을 실어주게 된다는 것을 의미한다.

즉 네트워크마케팅은 한번 소비자 구축이 되면 쉽게 붕괴되지 않는 안정성을 가진다. 물론 이렇게 되기 위해서는 회사의 창업 이후 일정한 충성 고객이 구축되기까지 적자 운영을 하며 어려움을 극복할 만한 자본력 등도 뒷받침 되어야 한다. 따라서 어떤 시장에서든 탄탄한 네트워크를 구축하고 많은 충성 고객을 만들어내면 안정적인 미래 시장을 개척하는 것이 가능해진다.

또 하나 생각해 봐야 할 부분은 주기적으로 닥쳐오는 경제 불황이 오히려 네트워크마케팅의 유통구조에 전화위복의 기회를 마련해 준다는 점이다.

역사적으로 네트워크마케팅은 불황의 시기에 더 각광 받아 왔다. 소규모 유통 기업들이 불황 속에서 자신들의 사업을 유지하기 위해, 유통비용 없이 충성 고객을 만들어낼 수 있는 네트워크마케팅을 활용하기 때문이다. 현재 세계는 공황으로 몸살을 앓고 있고, 자본주의의 종주국인 미국은 물론 우리나라까지도 수많은 중소기업들이 무너져 내리고 있다. 이를테면 대형 상점들이 넓은 공간에 대량구입 대량판매 등 유통구조의 혁신을 실시해 최저가 상품을 공급하고 있는 상황에서 시장 진출이 어렵게 된

중소기업들은 나름의 활로를 고민하게 되고, 질 좋은 제품을 내놓아도 대형마트나 백화점에 밀려 자기 입지를 찾지 못하고 있다. 그리고 이런 현실은 대형일수록 더 많은 돈을 벌고 영세 상인들은 자기 사업을 포기해야 하는 상황을 불러일으킴으로써 심각한 사회 불안 요인이 되고 있다.

이런 상황에서 좋은 상품만 있다면 네트워크마케팅이 훌륭한 판로가 될 수 밖에 없다. 새로운 유통의 축을 도입해 수많은 상품을 통해 일종의 인적 네트워크망을 구성하고 안정적인 판로를 찾기 시작하는 것이다. 그리고 이 같은 네트워크마케팅의 효과는 여러 면에서 그 결과가 증명되고 있다.

1995년 7월 6일 다단계 사업을 합법적으로 용인하는 방문판매 등에 관란 법률이 개정되면서 각 시, 도에 생겨난 네트워크마케팅 판매 회사 수가 1997년에는 1백 40여 개에 달했고, 이 업체들의 매출액 또한 경기 침체에도 아랑곳하지 않고 급속히 증가했다. 이러한 추세로 미루어 볼 때 네트워크마케팅 업계는 앞으로도 계속 성장 곡선을 긋게 될 것이 분명하다.

하지만 앞서 언급했듯이 우리는 아직도 한 가지 난관을 안고 있다. 바로 네트워크 사업 확산으로 인해 변칙적인 불법 행위들도 동시에 증가하고 있다는 점이다.

초록은 동색이라고 생각하며 많은 이들이 네트워크마케팅을 불법 피라미드와 연관시키고 있는 것도 바로 이 같은 상황들 때문인데, 불법적 사업이 근절되지 않는 한 이 같은 네트워크마케팅에 대한 오해는 사라지지 않을 것으로 보인다.

여기서 우리는 한 가지 질문을 던져볼 필요가 있다. 과연 우리는 네트워크 비즈니스에 대해 얼마나 알고 있고, 다양하게 접하게 되는 정보들 중에 진짜와 거짓을 가려낼 만한 판단력을 갖추었는가다.

아무리 훌륭한 시스템이나 정보도 자칫 잘못하면 오도되거나 잘못 전달될 수 있는데, 네트워크 마케팅과 불법 다단계 사업의 혼동 또한 그 같은 잘못된 정보의 취사 선택에 근본적 원인이 있으며, 이런 면에서 한 개인의 정보 선택 능력 또한 반드시 재고되어야 할 것이다.

4

어떤 정보를 믿고 주사위를 던질 것인가?

혹자는 네트워크마케팅의 특징을 '현실을 바탕으로 한 미래 지향적 사업'이라고 평가한다. 기존의 유통 질서와 구조를 그 근본에서부터 바꿔놓은 제3의 유통 혁명이라는 것이다.

현대의 급변하는 소비 패턴은 네트워크마케팅이라는 새로운 혁명에서 누구도 자유로울 수 없도록 만들어 놓았다. 현대인들은 물건을 자급자족하지 않으므로 누구나 일정한 회사의 고객이 되어야하며, 이 때문에 회사들 역시 어느 곳을 막론하고 더 값싸고 질 좋은 물건을 공급하기 위해 노력한다.

이 같은 상황에서 네트워크마케팅은 치열한 경쟁을 뚫고 많은 고객을 확보하고자 하는 기업들과, 더 좋은 물건을 싸게 구입하고 부가적인 이윤을 얻을 수 있는 고객 사이의 윈윈 관계를 형성하는 시스템이다. 구매의 혁명, 수입의 혁명을 통해 소매점에서 줄 서서 물건을 사는 대신 품질 좋은 제품에 대한 이윤을 캐시백 해버린 것이다. 그리고 이런 네트워크마케팅의 새로운 기업과 소비자 간의 관계 설정은 시간이 지날수록 각광받는 소비 형태로 자리 잡게 되었다.

실제로 외국의 네트워크마케팅 기업인 한국 암웨이, 그리고 국내 네트워크마케팅 업체인 하이리빙 등이 그 좋은 사례인데, 이 기업들은 불과 몇 년 사이 경쟁 업계의 시장 점유율을 크게 확대하면서 일종의 거대 기업으로 성장해 세상을 놀라게 했다.

또한 이 기업들의 성공은 다른 대기업들에까지 큰 영향을 미쳤다. 1996년 이후 외국 자본의 급속한 시장 잠식을 인식한 풀무원, 웅진, 세모, 진로 등 국내 유수의 중견, 대기업들이 차례로 네트워크마케팅 시장에 발을 들여놓기 시작한 것이다.

그러나 이처럼 긍정적 유통 시스템으로 각광받아온 네트워크마케팅에는 또 하나의 얼굴이 존재한다. 불법 피라미드에 대한 우리 사회의 강력한 편견에서 비롯된 부정적 얼굴이다.

지금껏 불법 피라미드로 인한 피해가 천문학적인 금액을 넘어서자 이에 대한 사회적 지탄 또한 잦아들지 않고 있다. 다른 여러 이유가 있지만 이는 많은 이들이 불법다단계, 또는 불법 피라미드와 네트워크마케팅에 대한 정보를 동일하게 받아들이는 데서 발생하는 문제라고 볼 수 있다. 예를 들면 네트워크 사업을 하면 큰돈을 벌 수 있다는 희망섞인 전망이 있는가 하면 네트워크마케팅은 뜬구름 잡는 사기라는 부정적 정보도 공존한다. 또한 네트워크 사업의 특수성과 전문성에 대한 노하우가 부족한 국내의 수많은 군소 업체들의 시행착오 또한 네트워크마케팅에 대한 수많은 오해를 낳는 원인이 되고 있다.

실제로 불법 피라미드나 잘못된 네트워크마케팅에 발목을 잡히는 소비자들과 기업들의 경우, 의도적인 사기로 속고 속이는 경우도 많지만, 정보를 잘못 이해하거나 활용함으로써 피해를 부추기는 경우도 적지 않다. 즉 이들은 정확한 정보를 취사선택하는 정보 분석 능력이 떨어지는 경우다.

그렇다면 이런 잘못된 사업 시스템에 빠지지 않는 방법은 없는 걸까? 바로 성공 사례를 맹목적으로 추종하지 않고 그 이유를 따져 묻는 것이 바로 그 해답이다. 대부분의 사람들은 성공 사례만 듣고 싶어 하고 그것을 받아들이는 데 열심이었다.

그러나 더 중요한 것은 바로 실패한 사례들이다. 즉 그것이 왜 실패했는지 그 이유를 따져 물음으로써 실패를 예측하고 파악하면 나쁜 상황에 대해 피해가면서 자연스레 성공에 도달하게 된다.

대박을 꿈꾸지 않고도 소비 생활에서 낭비를 줄이고 안정적인 재테크를 통해 자기도 모르게 부자가 되는 사람들이 바로 이런 노하우를 획득하는 사람들일 것이다.

다시 말해 불법 피라미드로 인한 피해는 네트워크마케팅의 잘못된 활용에는 눈을 닫고 그 성공 사례에 대한 맹목적인 추종을 거듭하면서 생겨난 상황인 만큼, 지금 내가 듣고 있는 정보가 과연 현실성있고 옳은 것인지 되물어보는 자성이 필요하다. 그러기 위해서는 네트워크마케팅 역시 선진국형 시스템으로 인정받기까지 무수한 실패와 개선을 거듭했다는 점을 인정하고 단순한 수익의 양을 떠나 사업 자체를 깊이 파악하려는 노력을 해야 한다. 따라서 우리는 아래의 내용을 다시 한번 명심하자.

첫째, 네트워크마케팅에 대한 보다 깊은 이해를 통해 정확한 개념을 정리하고 시스템을 이해해야 한다. 그래야 불법 피라미드 등 잘못된 정보에 대항하는 힘을 기를 수 있다.

둘째, 성공사례와 더불어 실패사례에서도 더 많은 것을 파악해서 합리적인 비즈니스 시스템 체계를 갖춰 나가 장기적인 사업을 도모해야 한다.

셋째, 일확천금을 꿈꾸지 않아야 한다.

다음 장에서는 진정한 네트워크 비즈니스의 진짜 실체를 살펴볼 것이다. 우리는 흔히 네트워크마케팅을 일확천금의 사업이라고 말하는데, 결론부터 말하면 그것은 거짓이다. 다음 장을 읽다 보면 이 사업 또한 거듭되는 노력의 결실임을 알게 될 것이다.

|사업 정보를 제대로 파악하는 법|

정보는 현대사회에서 빼놓을 수 없는 성공의 요건이다. 올바른 정보와 값진 정보는 우리의 삶을 바꾸지만, 잘못된 정보는 오히려 나쁜 결과를 양산한다. 다음은 정보 전쟁 시대라고 해도 과언이 아닌 현대를 살아나가는 데 필요한 관찰과 분석의 룰 들이다.

관찰 : 입체적으로 관찰하라

세상을 내다보려면 종합적인 안목이 필요하다. 단순한 선만 보지 않고 눈앞에서 전개되고 있는 모든 현상이 어떤 관계와 방향성을 지니고 있으며, 잠재적인 요소는 무엇인지 그 물밑까지 살펴봐야 한다. 이는 실물경제, 시장경제는 물론 상품 기획, 인간관계 등 모두를 포함하는 것이며, 이 시스템들 사이의 균형을 유지하는 데 필수적인 요소다.

분석 : 종합적으로 분석하라

단편적인 개념 이해는 오히려 잘못된 편견을 낳는다. 현실로 입증된 예는 물론 장기적인 관점에서 분석하고, 하나의 현상을 잘 구분지어 바라보는 분석력이 필요하다. 이를 위해서는 어떤 것에든 합리적이고 비판적인 의식을 갖고 접근할 필요가 있다.

간단하게 생각하면 나의 이익을 생각함과 동시에 상대방의 이익도 생각해야 한다. 터무니없는 수당지급은 어딘가 결함이 있게 마련이다.

판단 : 증명된 것을 받아들여라

개인생활이든 기업경영이든 앞을 내다보는 안목을 기르고 난 뒤에는 올바른 정보를 정확히 받아들이는 판단력이 생긴다. 잘못된 정보로 인해 피해를 보고 나서야 "그때 저렇게 했으면 좋았을 텐데!"라고 후회하는 것은 아무 소용이 없다.

우선 자신과 회사의 주변을 정확하게 관찰하고, 실제적으로 증명된 사례들에 눈을 뜨면서 사실과 직관의 힘을 모두 발휘하는 것이 중요하다. 이는 평상시에 끊임없이 노력하고 주의력만 집중시킨다면 충분히 가능한 일이다.

5

은폐된 진실, 너무 억울하다

흔히 네트워크 사업을 바닥에서 시작할 수 있는 사업이라고 말한다. 이는 일견에서 보면 맞는 말이다. 그러나 사실상 네트워크 사업도 완벽한 무일푼으로 쉽게 시작할 수 있는 사업이라고는 볼 수 없다.

무점포, 무자본이라는 커다란 장점이 있긴 하지만 자본금이 아예 들지 않는 것은 아니며 사업이 궤도에 오르려면 적지 않은 노력이 필요하기 때문이다. 예를 들어 사람을 만나면서 후원 활동을 하거나 사업안내서를 위한 자료를 구입해야 한다. 또한 제품 전달에 쓰이는 전화 요금, 차와 음료 수 값, 식사비 및 교통비, 세미나 행사와 각종 교육 참가비 등 소소한 활동 경비가 나가게 마련이다. 또한 시스템을 확대·복제하려면 장기간 사람들과 깊은 신뢰를 쌓아야 한다. 그러나 일부 네트워크마케팅 회사들이나 불법 회사들의 경우 이 사업에서는 돈이 하나도 들지 않는 것처럼 말한다. 이는 정말로 시스템을 잘 몰라서이거나 사람들의 심리를 교묘히 이용해 속이려는 것이라고 볼 수밖에 없다. **흔히 불법 피라미드에 쉽게 빠져드는 가장 큰 원인은 첫째, 바로 단기간에 많은 돈을 벌 수 있다는 거짓말과 둘째는 자본이나 노력이 필요하지 않다는 거짓말 때문인데, 이 두 번째 거짓말 역시 많은 주의가 필요한 셈이다.** 그러나 세상사를 적지 않게 겪어본 사람이라면 이 말들이 얼마나 공허하고 모순되는지를 충분히 알 수 있다.

주변을 둘러볼 때 노력하지 않고 성공하는 사람이 과연 몇이나 있었겠는가? 시간 투자를 충분히 하지 않고 1년이면 월 1천만 원을 벌 수 있다는 약속은 거의 망상이라는 것을 여러분도 잘 알 것이다.

실제로 합법적인 네트워크마케팅 회사의 성공한 사업자들의 이야기를 들어보면 말 그대로 눈물겨운 사연이 한둘이 아니다. 그들은 네트워크마케팅에 대한 편견과 싸우고, 발로 뛰고, 밤잠을 줄여 자기계발 시스템을 익히고, 휴일에도 수많은 미팅에 참석하고, 올바른 시스템을 따르기 위해 끊임없이 자신을 개선해온 사람들이다. 그러다 보니 그런 사람들을 보면 존경심이 드는 것도 당연하다. 사실 이들이 걸어온 길을 한 번만 자세히 살펴봐도 이런 거짓말에 빠지는 일도 훨씬 줄어들게 된다.

그런데 만일 같은 과정에 대한 언급은 일절없이 단순히 '이 사업을 하면 큰 노력이나 자본 없이도 성공할 것이다' 라고 강조하는 회사가 있다면 지금 당장 발을 빼는 것이 좋다. 이는 아직 성공할 준비도 여건도 마련하지 않은 사람들에게 환상만 심어 주는 공허한 구호일 뿐이다.

물론 네트워크 마케팅은 누구에게나 공정한 기회를 제공한다. 하지만 현실적으로 이 사업을 한다고 해서 누구나 성공하는 것은 아니라는 점을 미리 알아야 한다. 그럼에도 열심히 노력하고 꿈을 키워가는 사람에게 성공에 대한 의지를 심어주고 격려해 주고 가르치며 함께 성공을 도모하는 것은 장려할만한 일이다. 그러나 현실을 오도하고 잘못된 믿음을 심어 주는 것은 이후 타인에게 크나큰 좌절과 피해를 입히는 행동이다.

따라서 네트워크마케팅을 제대로 전달하려면, 우선 사람만 끌어 모으면 자동적으로 성공한다는 말도 안 되는 발상을 거부해야 한다. 그럼에도 한탕주의, 심리전 등으로 접근하거나 이에 대해 고민하지 말라고 말하는 회사가 있다면, 그곳은 매우 부도덕한 다단계 회사일 가능성이 높다.

흔히 불법다단계는 "모든 것을 걸어야 더 큰 이익을 얻는다"고 말하지만, 이것은 결코 사실이 아니다. 만일 배팅을 통해, 거창한 투자를 통해, 또는 서로를 속여야만 돈을 벌 수 있다고 생각해 왔다면 이제는 그 생각 또한 바꿀 필요가 있다.

동전과 기도문

당신 손에 언제나 할 일이 있기를

당신 지갑에 언제나 한두 개의 동전이 남아 있기를...

당신 발 앞에 언제나 길이 나타나기를

바람은 언제나 당신의 등 뒤에서 불고

당신의 얼굴에는 항상 해가 비치기를

이따금 당신의 길에 비가 내리더라도

곧 무지개가 뜨기를

불행에서는 가난하고

축복에서는 부자가 되기를

적을 만드는 데는 느리고

친구를 만드는 데는 빠르기를

이웃은 당신을 존경하고

불행은 당신을 아는 체도 하지 않기를

당신이 죽은 것을 악마가 알기 30분 전에

이미 당신이 천국에 가 있기를

앞으로 겪을 가장 슬픈 날이

지금까지 겪은 가장 행복한 날보다 더 나은 날이기를

그리고 신이 늘 당신 곁에 있기를...

- 아름다운 축복을 비는 켈트족의 기도문 -

경제를 보는 당신의 상식은 정확한가?

1

대박을 꿈꾼다면 확률을 따져라

본래 기대가 너무 크면 합리적인 판단을 내리기가 쉽지 않은 법이다. 불법 다단계 회사들의 감언이설에 넘어가는 것도 이 때문이다. 갑자기 일확천금의 꿈이 주어지면 대개는 앞뒤 재보지 않고 넘어가기 마련이다. 지나치게 높은 이윤을 원하다 보면 현실을 제대로 파악하지 못하기 때문이다. 이럴 때 우리가 생각해볼 수 있는 중요한 진실이 하나 있다.

결과라는 것은 선택하는 즉시 나타나는 것이 아닌 일정 시간이 지난 후에 나타난다는 점이다. 즉 오늘 내 선택이 나중에 어떤 결과를 낳을지를 생각해 보면 잘못된 선택을 할 가능성도 훨씬 줄어든다. 당장 이것이 올바른 선택인지를 판단하기가 쉽지 않다면 좀더 심사숙고하라는 의미다.

사람은 누구나 자기 선택이 좋은 결과를 낳을 것이라고 믿는다. 심지어 가장 불안정한 투자수단이라 불리는 주식에 전부를 배팅하는 것도 주가가 올라 그것이 큰 수익으로 돌아올 것이라고 믿기 때문이다. 이처럼 기대감은 선택에 큰 영향을 미친다. 그래서 때로는 조금 더 깊이 생각해보면 전혀 현실성이 없다는 것을 알 수 있는 허황된 배팅에 전부를 내걸기도 한다.

그렇다면 사람들은 왜 이렇게 큰 위험을 자청해서 선택하는 것일까?

첫 번째 이유는 그 스스로 자신의 선택이 몰고 올 행복과 위험의 확률을 구체적으로 알지 못하기 때문이다. 사람은 대개 행복이 다가올 확률을 높게 평가하고, 불행이 올 확률은 낮게 평가하는 경향이 있다.

두 번째 이유는 갑자기 튀어나오는 욕구를 잘 참지 못하고, 정확한 정보 없이 감성적으로 결론을 내리고, 그 결론대로 행동하기 때문이다.

사실상 우리는 성장기부터 자연스럽게 대박을 꿈꾸는 환경에서 살아왔다. 사실 요즘 시대를 살아가는 사람 치고 기본적으로 복권 한 장 안 사본 사람이 없을 것이다. 신문을 펴면 세계 곳곳에서 수백억 원이 넘는 복권 당첨자 이야기가 나오고 부동산 투자에 성공했거나 주식 투자에서 수십 배의 차익을 거둔 사람들의 이야기도 심심치 않게 들을 수 있다.

상항이 이렇다 보니 대박을 터뜨리는 일도 쉬워 보인다. 그러니 자연스럽게 '나도 언젠가 한번 쯤을' 생각하는 것도 무리는 아니다. 게다가 부동산이며 주식 등의 여러 투기성 자산들이 일종의 국민적 유행을 몰고 오면서, 정직하게 벌어서 정직하게 불려 나가는 사람은 어리석다는 통념까지 생겨났다.

투자를 하기전 알아야 할 체크포인트

1. 자신의 현금 흐름을 통제해야 한다
2. 위험해 보이는 것과 정말 위험한 것의 차이를 알아야 한다
3. 경제적 지식을 습득해야 한다
4. 자신만의 전문가를 곁에 두어야 한다
5. 자기계발을 통하여 마인드 컨트롤을 해야 한다

그러나 한 번 대박을 터뜨렸다고 해서 모든 삶이 다 잘 풀리는 것은 아니다. 대박의 맛을 본 사람들은 대개 그 행운에 도취돼 다시 가능성 없는 투자를 일삼고, 결국 깡통 계좌를 차게 되는 경우가 훨씬 더 많다.

그러나 섣불리 거머쥔 성공은 오래 가지 않을 가능성이 높다. 어디까지나 경제적인 사고방식이 부족한 상태에서 잡은 행운은 물처럼 손아귀에서 빠져 나갈 수밖에 없기 때문이다. 이제부터 경제적인 사고를 하려면, 선택하려는 대상이 실현될 확률부터 생각해 보자. 그리고 그 확률이 한번 기대해 볼 만하다고 생각될 때에는 과감하게 도전하는 것도 좋을 것이다. 이는 네트워크마케팅을 통해 내가 성공할 수 있는 확률을 예측하는 일에도 어김없이 해당된다. 혹시나 확률을 따져보기는 커녕, 그저 결과에 대한 욕심만 가득 차 있다면, 일단은 원점으로 돌아가 다시 생각해 봐야 한다.

2

서로 속고 속이는 사업은 사라져야 한다

중국에 가면 온갖 명품 모조품을 파는 이른바 짝퉁 시장이 있다. 큰 공터에 수많은 천막 점포들마다 나이키부터 아르마니까지 유명 브랜드 제품들이 넘쳐난다. 이 주변을 돌아다니다 보면 호객꾼들과 손님들 사이에 서로 속고 속이는 흥정이 오가는 풍경을 쉽게 볼 수 있다. 서로 적당히 속이고 속아 주면서 가격 선을 맞추는 것이다. 즉 이곳은 잘 속일 줄 알아야 장사도 잘 된다.

그렇다면 서로 속이지 않아야 하고, 그럴 필요도 없는 장사도 있지 않을까? 바로 소비자와 판매자 모두가 만족할 만한 공정한 거래를 통해 함께 성장하는 윈윈 사업들이 그것이다.

최근 들어 고객과 업체 간의 신뢰가 중요한 화두로 떠올랐다. 개인이나 사회적으로나 신뢰는 매우 중요한 자산이기 때문이다. 이런 이유로 인해 요즘은 회사들도 고객들에게 신뢰를 주기 위해 제품 자체만큼이나 훌륭한 고객 서비스, 고객 상담, 보상 및 환불 제도를 마련하고 있으며, 나아가 아예 고객들의 도움을 받아 제품을 개발하고 판매하는 고객 우대 기업들까지 늘고 있다.

이처럼 현대 사회는 기업이 아닌 소비자가 파워를 가진 시대로 변모하고 있다. 위의 모조품 시장처럼 뜨내기 고객들을 대상으로 하는 특수한 경우를 제외하고, 만일 일반적인 시장에서 위와 같은 관행을 보인다면 그 사업은 아무리 수익성이 좋아도 오래 존속하기 힘들 것이다. 고객들은 업체들의 물건을 살 때 가치와 도덕성, 심리적 만족감을 함께 얻으려는 경향이 있기 때문이다.

이는 다양한 시장 변화 속에서 이제 소비자들의 선택의 폭이 넓어진 만큼, 기업들 또한 소비자의 신뢰를 얻지 않고는 더 이상 살아남을 수 없게 되었다는 점을 시사한다. 그런 의미에서 불법 회사들 또한 이제는 소비자와 사업자, 그리고 업체 사이의 관계를 재조정하고 일대 쇄신을 도모할 필요가 있다. 지금까지 불법 피라미드의 관행들이 일반 국민들에게 불신만 심어 주고 네트워크마케팅에 대한 이미지 훼손을 불러왔다면, 이제는 그 같은 편견을 신뢰를 기반으로 새롭게 다가가야 한다는 의미다.

훌륭한 네트워크 사업이란 업체와 사업자, 사업자와 사업자, 사업자와 소비자 간에 탄탄한 믿음을 바탕으로 구성되어야 한다. 또한 질 낮은 제품을 값비싸게 팔거나 무작정 사람을 끌어들여 다운라인을 조성하는 '사람 장사'는 결코 오래 살아남을 수 없다.

이제 속고 속이는 사업은 더 이상 21세기의 거래 방식이 아니다. 수많은 전자 상거래가 이루어지는 최첨단 거래 시대에 서로 속고 속이는 한번의 흥정은 사라져야 한다.

예를 들어 요즘 고객은 온라인에서 가격과 품질을 보고 자신의 기준에서 판단해 클릭을 통해 제품을 구매한다. 여기에 흥정 같은 것은 아예 존재하지 않는다. 오직 소비자가 선택하는 가격과 품질만 있을 뿐이다. 게다가 대부분의 기업들이 고객에게 신뢰를 주고 사랑 받기 위해 온갖 불평과 불만을 받아주며 고충을 감수하고 있는 상황에서, 억지로 떠밀듯이 안긴 물건이 장기적인 이익을 가져올 수도 없다.

이제 우리는 21세기의 소비 시대가 소비자의 안목을 월등하게 키워 놓았다는 점을 기억해야 한다. 현대 소비자의 눈은 냉정하게 품질과 가격 그리고 감성적인 만족까지 요구하는 만큼, 아무리 인맥을 기본으로 하는 네트워크 회사라고 해도 자사의 품질과 신뢰 관리에 조금이라도 흠집을 낸다면 결과적으로 도태할 수밖에 없다는 것을 명심해야 할 것이다.

3

부동산으로 돈을 버는 시대는 지났다

우리는 투자라고 생각하면 왠지 거창해야 한다는 생각을 한다. 한때 우리는 부동산 시장을 불패의 신화로 여겨왔다.

남는 자본이 있으면 무조건 부동산에 올인하는 것이 안전하다는 생각이 재테크의 기본처럼 여겨졌다.

그러나 최근의 금융위기와 세계적 불황이 들이닥치고 그 여파로 부동산 시장이 붕괴하면서 국내 부동산 시장도 깜깜한 나락 속으로 떨어지고 있다. 무리하게 대출을 받아 부동산을 몇 채씩이나 마련했던 이들이 순식간에 파산에 이르고, 심지어 최소한의 생활조차도 유지할 수 없게 되었다는 기사가 신문 지면을 장식하고 있다.

최근 들어 미분양 아파트가 급증하고, 급매물이 나와도 팔리지 않는 상황 또한 부동산 시장의 몰락을 대표하는 현상들로 꼽히고 있다.

지난 10여 년 간 아파트가 재테크의 온상이 된 것은 그 가격이 계속해서 치솟았기 때문이다. 그리고 그 주요인으로 가장 자주 언급되는 것은 수요에 따른 공급의 부족이었다. 그러나 이제 상황은 달라졌다. 최근 정부는 주택 공급 물량을 2012년까지 연 평균 50만 주택을 서울과 수도권 지역에 공급해 수도권 주택 보급률을 110%까지 끌어올리겠다고 발표했다. 이는 앞으로 수요에 비해 공급이 늘어난다는 것을 의미한다.

또한 출산률의 감소 등 인구 증가 둔화와 1차 베이비붐 세대의 은퇴에 따라 고가 아파트의 수요가 급감하면서, 이로 인해 아파트 가격이 하락세로 돌아설 것이란 설명도 힘을 얻고 있다.

실제로 우리나라 인구는 2018~2020년에 감소세로 돌아서고, 뚜렷한 노년층의 증가가 이어지며, 저출산의 영향으로 1~2인의 소규모 가구가 증가할 것으로 보인다.

이 같은 통계는 지금껏 우리가 부동산 시장에 해왔던 투자가 앞으로는 유효하지 않다는 사실을 보여준다. 지금껏 한국 부동산 시장이 실수요보다는 재테크를 위한 투자 세력에 의해 지탱되고 있었고, 세계 금융시장의 신용경색 여파로 주택 대출 금리가 급등하고 가계의 이자 부담이 계속 커지면서 더 이상은 부동산 불패 신화를 지탱할 만한 힘을 가질 수 없게 된 셈이다.

물론 앞일은 아무도 모르는 것이라 일각에서는 부동산 가격이 다시 증가하리라는 믿음을 보이고 있지만 사실상 그 믿음이 유효할지는 장담할 수 없다. 즉 이제껏 부동산에 배팅 아닌 배팅을 해온 사람들로서는 더 이상 빠져나갈 구멍이 보이지 않는 셈이다.

물론 자본주의 사회에서 재테크는 필수다. 그러나 지금의 부동산 시장 불안은 우리의 과도한 배팅이 불러온 불행한 결과를 여지없이 보여주고 있다. 집을 두세 채 가져야 부자 반열에 들 수 있다는 일반적 통념이 양날의 칼이 되어 돌아오고 있는 것이다.

언론사의 2006년 보도에 따르면, 실수요가 아닌 투기 목적으로 한 세대가 3개 주택을 보유한 주택 수가 82만5000채나 된다고 한다. 그리고 이들은 대부분 은행 대출을 통해 매입을 해온 만큼 지금 같은 상황에서는 곧바로 위기를 맞을 수밖에 없다. 결국 부동산 투자의 거품이 빠져나가는 상황에서, 부동산 투자로 가계 불안을 상승시키는 일은 금전적으로도 사회적으로도 환대받지 못하는 일이 되어 버렸다.

여기서 우리가 한 가지 염두에 둘 점은, 우리가 믿고 있는 경제적 상식이란 것이 결코 영원히 지속되지는 않는다는 점이다. 그런 점을 미리 알고 무리한 투자를 하지 않았던 사람들은 이 불황 속에서도 크게 손해볼 일이 없다.

이런 이들은 장기적이고 안정적인 재테크를 선택해 그 안에서 고정적인 이익을 얻는 방식을 택한 사람들이다. 한때 이들은 돈 벌 줄 모르는

'어리석은 사람'으로 통했지만 이제 그들은 '시대를 앞서간 사람'이 되었다면 그것 또한 아이러니한 일이다.

결국 누가 정말 현명한 사람이고, 어리석은 사람인지, 특히 경제와 투자 측면에서 어리석음과 현명함은 시간이 흘러봐야 아는 문제인 듯하다. 그리고 이 논리는 최근 경제 불황의 핵심 타켓으로 떠오른 주식과 펀드에서도 여지없이 드러나고 있다.

4

펀드는 투자가 아니다

세계적으로 성공한 투자자로 꼽히는 앙드레 코스톨라니는 이렇게 경고한 바 있다.

"투기를 통해서 고정적으로 돈을 '번다'는 생각은 아예 말아야 한다. 사람들은 주식으로 큰돈을 따거나 잃을 수는 있다. 하지만 주식으로 돈을 벌 수는 없다."

성공한 투자가의 말치고는 아이러니한 얘기다. 이는 투기가 돈을 버는 개념이 아닌 '따는' 개념에 가깝다는 것을 보여준다. 그리고 현재 낙폭을 거듭하고 있는 주식과 펀드로 인해 휘청거리는 사람들이 늘어나고 있는 것도, 실제로는 투기를 하면서 투자를 했다고 믿는 일반적인 현상에서 생거난 것이다. 그들은 자기 돈이 실제로 어디에 들어가 있는지도 분명히 모르면서 무작정 주가 상승률에 기대어 많은 돈을 쏟아 부었고 결국 쓰라린 결과를 맛보았다.

투기와 투자를 명확히 구분한다는 것은 사실 난해한 문제다. 자본주의 사회에서 재정적 자유를 얻으려면 일정한 투자 행위는 반드시 필요하다. 다만 보유한 자금의 여유와 안전성, 기간, 대상, 예측 가능성 등에 따라 어떤 것은 투자가 되지만 또 어떤 것은 투기가 된다. 게다가 그 투자와 투기가 모두 성공하리라는 보장도 없다. 또한 설사 성공한다 해도 대개의 경우 준비되지 않은 벼락같은 성공은 감당이 어려울뿐더러, 만일 그것이 준비되지 않은 실패라면 더더욱 감당하기 어렵다. 하루아침에 빚쟁이가 되거나 가진 재산을 모두 잃고 그냥 앉아서 처분만 기다릴 수밖에 없다는 얘기다.

물론 매번 수익을 내지 못한다고 해도 어느 날 큰돈을 손에 쥘 수도 있다. 그러나 그 역시 '투기'의 개념일 수밖에 없다. 받아들일 준비가 안 된 황금마차 격이다. 그런 자산은 고정적으로 들어오는 것도 아니다. 돈을 '번다'는 것은 최소한 그것이 고정적으로 들어와 자신의 지출 규모 이상의 소득이 계속 발생하는 진정한 재정적 자유를 의미한다.

최근 불거지고 있는 주식과 펀드 문제는 우리가 고정적인 수입을 얼마나 우습게 여기고 있는지를 잘 보여주고 있다.

'투자'는 위험성을 가지는 동시에 현재 그 위험을 내가 감당할 수 있다는 전제 하에서만 성립한다. 즉 고정적인 수입이 있는 상태, 또는 그 투자를 감행해도 내 생활이 위협받지 않는 한도를 설정한 뒤에 해야 하는 것이 투자의 기본 개념이다.

그럼에도 무리한 대출이나 노후자금으로 덩치 큰 돈을 전문가들조차 한 치 앞도 내다보지 못하는 시장에 맡긴다는 것은 노후를 담보로 한 위험한 일이 아닐 수 없고, 투자와 투기 개념을 제대로 이해하지 못한 결과라고밖에 볼 수 없다.

최근 엄청난 피해액을 입히고 몰락한 한 대형은행의 펀드 사태는 이를 단적으로 보여준다. 자금이 반 토막 나면서 주주들이 은행 앞에서 시위를 했는데 "분명히 이 상품이 손해 없는 고정 상품이라 하지 않았느냐" 라는 내용이 골자였다. 그러나 그들은 무언가를 잘못 알아도 단단히 잘못 안 것이다. 세상에 위험 없이 고수익을 얻는 투자 상품은 존재하지 않는다. 이는 은행 직원들의 거짓말이 문제가 되었다기보다는 스스로 돈과 투자의 흐름을 파악하지 못한 당사자들에게 문제가 있다.

즉 주식과 펀드는 어디까지나 안정적인 시스템을 가지지 못한 채 외부의 동향에 좌지우지될 수밖에 없는 구조를 가진 일종의 '투기적 투자' 임을 기억해야 한다. 많은 사람들이 '나는 주식과 펀드에서 고정적인 수입을 기대했다' 고 말하지만 주식은 기본적으로 투기적 투자이며, 앞으로도 그럴 것이다. 따라서 투자를 하더라도 가진 돈의 일부만 걸어야 한다.

오랜 시간 시장에 몸 담고 있는 전문가들조차 주식이나 펀드는 최대 반

이상을 걸어선 안 되며, 주식을 되팔지 않는 한 무일푼이 되고, 만일 그 주가가 추락할 때는 '어찌해볼 수 없는 무력한 상태'가 된다고 말한다는 점을 기억해야 한다.

우리는 전통적인 것에 대해 식상한 느낌을 갖는다. 투자에서도 마찬가지다. 그래서 어떤 투기 제품이 열풍을 일으키면 그것만 쫓아가는 경향이 있다. 그러나 사실상 돈을 많이 버는 투자의 개념이 주식과 펀드만 있는 것은 아닐 것이다. 한꺼번에 일확천금을 번다는 무지몽매한 환영 없이도 안정적인 시스템 속에서 꾸준히 고정 수입을 얻을 수 있는 사업도 분명히 있기 때문이다.

하지만 이런 사업을 찾는 일 역시 결코 쉬운 일은 아니다. 그러기 위해선 그 분야에 대해서 잘 알아야 하고, 탁월한 사업 방법을 배우려면 그를 위해 많은 시간을 투자해야 한다.

결국 우리는 돈으로 돈을 버는 투자에 앞서, 자신에 대한 투자, 준비 과정에 투자해야 한다. 이처럼 긴 시간과 정성을 들인 투자는 당사자를 배반하지 않는다는 점에서 주변 상황을 잘 파악하고 정확한 과녁을 짚으려는 노력이 절실히 필요할 때다.

그렇다면 과연 성공하는 사업의 기본원칙은 어떤 조건을 갖춰야 할까? 지금부터 잠시 눈을 돌려 부동산, 주식, 펀드처럼 투기성이 짙지 않으면서도 안정적인 수입원을 얻는 사업의 요건을 생각해 보자.

5

성공적인 사업에는 어떤 원칙이 있는가?

흔히 돈은 때로는 약처럼 쓰이지만, 어떨 때는 독이 된다고 말한다. 예를 들어 어떤 투자 상품은 우리를 부자로 만들지만 어떤 것들은 오히려 가난하게 만든다는 것이다.

그것은 사업도 마찬가지이다. 모든 것을 걸고 투기처럼 벌이는 사업이 꼭 반드시 성공을 안겨주는 것은 아니다. 게다가 그런 사업은 실패를 해도 크게 한다. 반대로, 안정적으로 철저하게 준비한 사업이 비록 이윤은 적지만 꾸준한 수입을 안겨 주기도 한다.

그리고 이 같은 '독 같은 투기'에 중독되지 않으려면 위험과 안전성을 가진 사업들 사이에서 알찬 사업을 구분할 수 있는 눈을 길러야 한다. 즉 우리는 경제 사회에서 살아남기 위해서 경제적으로 자유로워지기 위해서 끊임없이 배워야 한다. 무엇이든 잘 배우고 익혀 놓으면 마음에 새겨둘 수 있는 '판단의 기준'과 옥석을 가리는 '현명한 눈'을 얻게 되기 때문이다.

앞서 우리는 사행심이 곁들인 관행과 대박을 쫓는 부동산이나 주식 투자와 같은 투기성 자산들이 얼마나 위험한 결과를 가져오는지를 살펴보았다. 이는 직접 투자뿐만 아니라 사업에서도 마찬가지라는 점도 강조했다. 그리고 만일 사업에서 가장 중요한 '판단 기준'을 세우라면, 그것은 바로 시스템일 것이다. 그 사업의 기반을 구축하고 있는 기본적인 바탕이 사업 구성원들의 결속력을 높이고 원원할 수 있는 체계로 이루어져 있는지 살펴보라는 뜻이다. 실제로 성공하는 사업들은 필수불가결한 요소인, 시스템의 독창성과 현실성을 갖추고 있다. 그리고 아무리 많은 자본을 투자해도 만일 그 사업에 시스템이 없다면 그 자금은 밑 빠진 독에 물 붓기가 될 가능성이 높다.

그런 면에서 네트워크마케팅은 오랜 세월 동안 강력한 시스템으로 성장가도를 달려온 대표적인 시스템 사업 중에 하나다. 네트워크마케팅이 다른 여타의 사업들과 다른 가장 강력한 차별점은 바로 시스템의 중요성을 강조한다는 점이다.

여기서의 시스템이란 합리적인 소비, 더 나아가 수익을 얻는 구조가 복잡하지 않고 안정적으로 이루어지고, 사람과 사람 사이의 신뢰와 믿음을 바탕으로 구축된 네트워크를 의미한다. 그리고 네트워크마케팅에서 성공하려면 무엇보다도 네트워크의 성공 시스템을 따라야 한다.

다른 사업들과 마찬가지로 네트워크마케팅도 무작정 뛰어들었다가 실패하고 떠나는 사람들이 적지 않다. 그리고 그 가장 큰 이유는 회사에서 알려주는 네트워크 성공 시스템을 무시하고 자기 나름의 방식으로 사업을 펼쳐나갔기 때문이다. 그럴 경우 결론은 100% 실패일 수밖에 없다. 다시 말해 어떤 사업에서 성공한다는 것은 사업 자체의 아이템이나 수익률뿐만 아니라 훌륭한 사업의 기준인 시스템의 유무와 제품을 따져야 하며, 이 같은 시스템이 없거나 취약한 사업은 결과적으로 투기와 다를 바 없다는 점을 이해해야 한다.

21세기의 가장 강력한 변화로 네트워크마케팅을 꼽은 《메가트렌드》의 저자 존 나이스 비트는 네트워크마케팅이야말로 개인으로서 성공할 수 있는 최고의 기회라고 전망한 바 있다. 또한 향후 10년 내에 모든 상품과 서비스의 50~60%가 네트워크마케팅을 통해 유통될 것이라고 전망한다.

이는 미래 사회에서는 네트워크마케팅이 필수적인 소비 형태이자 1인 비즈니스가 될 수 있음을 의미하고 있다. 그렇다면 지금부터는 이처럼 미래의 키워드로 자리 잡은 네트워크마케팅을 왜 할 수밖에 없는지, 한다면 어떤 방식으로 해야 하는지를 알아보자.

| 21세기를 바라보는 미래 경제학자들 |

미래는 '누구도 알 수 없는 것'이라고 한다. 그러나 그 불투명한 미래에 대해 어느 정도의 틀을 내오는 것은 불가능하기만 한 일이 아니다. 그렇다면 미래 경제학자들과 CEO들은 지금 어떤 화두에 생각을 모으고 있을까? 또한 변화하는 미래 경제를 어떻게 예견하고 있을까?

① 앨빈 토플러

: 앞으로 프로슈머 경제가 폭발적으로 증가함에 따라 새로운 백만장자들이 수두룩하게 나타날 것이다. 물론 주식시장, 투자자, 방송매체가 프로슈머 경제의 중요성을 인식하기 전까지는 알아차리지 못할 것이다. 선진제조방식, 틈새마케팅, 고도로 숙련된 지식 노동자를 보유하고 있는 일본, 한국, 인도, 중국과 미국이 첫번째 수혜국이 될 것이다. - 〈부의 미래〉 중에서

② 스티븐 코비

: 미래 사회의 화두는 상호이익이다. 상호적인 이익을 추구하는 인간, 즉 전인적 인간만이 리더가 될 수 있다는 것이다. 해결책은 자기 내면의 소리를 찾아내고 다른 사람들도 찾도록 도와주는 것이다. 직위가 아닌 성품의 권위가 중요한 에너지원이라도 말한다.

③ 피터 드러커

미래사회에는 출생률이 붕괴하고 이것이 중요한 변화 요인이 된다고 말한다. 출생률 감소는 결국 급속한 노령화를 의미하며 앞으로 100년 후면 노령층 인구가 젊은층 인구를 훨씬 앞지르게 될 것이라고 내다보았다.

따라서 그가 주목하는 부분은 융통성 있는 노동환경, 은퇴 문화의 변화 등이다. 즉 미래의 기업은 노년층 고객들을 콘트롤하는 것에 따라 경쟁력과 성패가 좌우될 것이다.

④ 스펜서 존스

우리는 변화를 피하는 것이 아니라 이에 적극적으로 대응하는 능동적 인물이 미래를 주도한다고 말한다. 무감각과 무관심, 미래에 대한 막연한 두려움을 버리고 과감하게 새로운 길을 찾아 떠나는 자만이 미래의 경쟁력을 얻을 수 있다고 강조하고 있다.

⑥ 잭 웰치

"열정, 동기부여 능력, 집중과 결단, 실행력"을 성공자의 필수 덕목으로 삼고 있다. 또한 성공한 사람으로부터 성공의 시스템을 배우는 것이 미래를 성공자로 살아가는 데 중요한 덕목이라고 말한다.

또한 철저한 사람중심의 경영으로 안정적인 조직을 구축하는 것 역시 중요하다고 강조하고 있다.

서로 다른 삶의 방정식, 해답은 무엇인가?

1

놀지도 못하고 열심히 일했는데

실직 한파가 몰아치고 물가까지 상승하면서, 요즘 우리 사회는 온갖 불안에 휩싸여 있다. '가난은 곧 불행이다.' 라는 말까지 나도는 가운데 경제적 압박에 억눌리게 되면서 어떻게 더 알차게 잘 살까, 어떻게 원하던 삶을 꾸려갈까를 고민하기도 전에 '돈' 이라는 무시무시한 난관에 부딪치는 사람들이 늘고 있는 것이다.

그렇다면 평범한 사람들의 삶은 경제적 측면과 관련해 대체로 어떤 길을 걷게 될까?

가장 먼저 경제 초입기에 들어서는 20대를 보자. 20대의 경우는 사회생활을 한 지 얼마 되지 않아 직장에 들어가도 큰돈을 벌기가 어렵고, 조금

모아도 이 돈을 어떻게 해야 할지 막연하다. 그러다가 결혼을 하게 되는 30대는 또 어떤가? 이때부터는 돈을 모아야 하는 목적이 분명해지고 자녀 출산까지 미루며 열심히 돈을 벌지만, 막상 모은 돈은 별로 없고, 나갈 곳은 한두 군데가 아니다. 게다가 높은 집값을 보면 허탈감에 빠진다.

40대 역시 마찬가지다. 40대가 되었다고 누구나 집을 사는 것도 아니고 눈 덩이처럼 불어나는 자녀 교육비가 어깨를 짓누른다. 그렇게 50대가 되어서도 자녀들의 결혼 자금, 본인들의 노후자금 때문에 고민하지 않을 수 없다.

최근의 통계로 대략 계산해 보면 노후의 기초 생활비는 연간 1,600만 원이 든다고 한다. 여기에 여유생활비 2,000만원을 합치면 연간 3,600만원이라는 금액이 나온다. 그리고 60세에 은퇴해서 75세까지 15년 동안을 잘 보내려면 3,600 x 15년=5억 4,000만 원이라는 금액이 산출된다. 그리고 현재 40세인 직장인이 이런 노후 생활을 준비하려면 최소한 매달 120~150만원을 20년 동안 꾸준히 저축해야 한다. 당연히 다가올 수명의 연장을 감산하면 더욱 기막힌 계산이 나온다.

그렇다면 지금 나의 상황을 생각해 보자. 과연 우리는 매달 얼마씩 저축을 하고 있는가? 하루도 빠짐없이 열심히 살아온 우리 앞에는 과연 어떤 길이 펼쳐져 있는가?

물론 상황마다 조금씩 다를 수는 있겠지만, 현재와 미래에 대한 이 진단과 계산들은 결코 허황되거나 거짓이 아니다. 대부분의 사람들이 금전적인 문제로 인해 인생에서 예기치 않은 고난을 겪고 힘든 시간을 보내기 때문이다. 그리고 상황이 이렇다 보니 사람들은 대개 높은 수익을 안겨주는 금융 상품이나, 인생역전을 찾아 다니게 된다.

그러나 어디선가 대박을 터뜨리겠다는 생각은, 어디까지나 엉뚱한 몽상에 불과하다. 이 세상에 공짜는 결코 주어지지 않으며, 결국에는 우리 스스로 대비하는 수밖에 없다.

그리고 이런 측면에서 우리가 놓치지 않고 염두에 두어야 할 부분이 있다. 바로 이 세상은 끊임없이 변하고 달라진다는 점이다.

요즘은 직장도 더 이상 안정적인 곳이 아니다. 툭 하면 구조조정이다 비정규직이다 해서 최소한의 임금을 받고 강도 높은 노동을 강요당하며, 결국 쓸모가 없으면 버려지게 된다. IMF 이전만 해도 뼈를 묻을 생각으로 열심히 일했던 직장이 외환위기의 혹한을 겪으면서 필요 없으면 가차 없이 잘라내는 위험한 곳으로 변한 것이다.

얼마 전 한 헤드헌팅 업체가 3년 이상의 직장 경력을 가진 직장인을 대상으로 한 설문조사 결과, 우리나라 직장인은 평균 4.2회의 이직을 하고, '한 번 직장은 평생직장'이라고 답한 응답자는 0.6%에 지나지 않았다.

즉 은퇴와 퇴직이 똑같은 것으로 여겨지던 시대는 역사의 뒤안길로 사라졌고, 죽어라 일만 하고도 안정적인 미래를 보장받을 수 없는 불행한 시기가 시작된 것이다.

그렇다면 이제는 어떤 방식으로 이 위기를 타개해 나갈 것인가? 언제

잘릴지도 모르는 직장에서 고개를 숙이고, 수입보다 지출이 많은 불안한 하루하루를 살아갈 것인가? 아니면 이 변화의 파도를 타고 새로운 시도를 통해 경제적 자유를 향해 도전해 볼 것인가?

2

때를 놓치면 소용없다

지금까지 우리가 사는 세상은 수많은 변화를 헤쳐 왔다. 세계의 판도를 완전히 뒤바꿔 버린 산업 혁명처럼 폭발적인 변화가 있는가 하면 서서히 이루어지는 변화도 있었다.

예를 들어 인터넷을 보자. 수많은 지식과 경험의 공유와 발 빠른 이동이 이루어지고 있는 인터넷 세상은 불과 20년 전만 해도 생각지도 못했던 현상이다.

그리고 이 인터넷을 위시한 통신의 발달은 우리 사회와 경제 부문 곳곳에서 수많은 황금알을 낳기 시작했고, 이러한 변화가 또다시 두 종류의 사람을 낳았다. 변화 안에서 내 꿈을 이룰 수 있는 지평은 어디에 있는지를 열심히 찾고 살피고 노력하는 사람과, 이런 변화를 수동적으로 받아들이는 사람이다.

우리는 누구나 행운을 꿈꾸지만, 행운은 아무 노력 없이 우연히 얻을 수 있는 것이 아니다. 설사 우연히 얻은 것 같은 행운도 자세히 살펴보면 수년간 꾸준히 준비한 결과인 경우가 많다.

예를 들어 인터넷만 해도 수많은 사업들을 탄생시켰는데, 인터넷 거부라고 불리는 '다음'의 이재웅 사장은 물론, 그 외 종종 신문지상에 등장하는 인터넷 관련 사업 거부들은 모두 정보를 찾고자 노력하고 그 정보를 활용해 발 빠르게 움직인 사람들이었다.

부자와 가난한 사람의 차이는 이처럼 주어진 기회를 행동으로 실행하느냐 못하느냐에 따라 생겨난다. 즉 부자가 되고 싶다면 지금 내 눈앞에 펼쳐진 현실과 그 패러다임을 파악하고, 늦지 않게 그 안에서 정보를 모으고, 알게 된 것을 몸으로 움직이는 행동력이 필요하다는 뜻이다. 최근 들어 유통업계에 지각 변동을 일으킨 네트워크마케팅도 패러다임의 변화 속에서 탄생한 하나의 기회지만, 이를 어떻게 이용할지는 전적으로 개인의 몫이다.

사회경제적 패러다임의 변화는 한 개인의 패러다임의 변화까지도 요구한다. 만일 지금껏 실패만 하고 살아왔다고 해도, 변화의 패러다임 속에서는 큰 문제가 되지 않는다. 한 예로 처칠은 성공에 대하여 이렇게 강조한 바 있다. "성공이란 반복되는 실패 가운데서도 열정을 잃지 않는 능력이다." (Success is the ability to go from one failure to another with no loss of enthusiasm).

만일 당신이 성공을 결심했다면 무엇보다도 먼저 실패에서도 일어설 수 있는 열정을 기르고, 자신의 꿈을 새롭게 설정하고 구체화하는 능력을 키워야 한다. 꿈을 설정하고 구체화 하는 것도 능력이란 사실을 기억해 둘 필요가 있다.

꿈을 설정하는 것은 우리 생각보다 훨씬 중요한 일이다. 이는 달리기를 시작할 때 첫 스타트를 출발하는 힘이 되기 때문이다.

사실 무슨 일을 하든지 최대의 적은 바로 자기 자신이다. 외부의 적은 아무리 강해도 극복할 수 있지만 정작 우리를 쓰러뜨리는 것은 우리 자신일 때가 많다.

또한 어떤 일이든 외부의 도전을 이겨내면 한 단계 성장한다는 사실도 기억할 필요가 있다. 이때 목적지가 분명하고 시기를 잘 가늠하는 사람은 강한 의욕 속에서 한 걸음 한 걸음 나아갈 수 있다.

예를 들어 네트워크마케팅도 많은 적들이 존재한다. 잠재 고객의 초기의 저항감이나 부정적인 선입관들이 바로 그것이다. 대개는 자신의 생각과 다르면 무조건 반대부터 하기 때문이다. 이 같은 지속적인 반대에 부딪치면 대부분 흔들리게 되는데, 이때 꿈과 목표로 무장한 사람들은 굳건하게 그 어려움을 이겨낸다.

어떤 일을 시작하려면 우선 자기가 무엇을 원하는지를 분명히 설정하고, 주변의 변화 속에서 기회를 찾을 필요가 있다. 때를 놓치면 아무 소용이 없고, 지금이 바로 그 때라고 생각하자.

꿈을 위한 3가지 방법

1. 계획된 스케줄 목록을 작성하여 꼬박꼬박 체크한다.
2. 목록에 우선 순위를 정하여 꿈이 실현되었을 때를 상상하라.
3. 실천한 목록을 지워가며 새로운 목록을 추가 작성하라.

꿈은 너무 작거나 너무 크면 의욕을 불러일으키지 못하는 만큼, 현실적인 부분을 가늠하고 단계를 설정하자. 지금은 비현실적으로 보여도 5년이나 10년 후에 이루어질 꿈을 구체적으로 그려보자.

3

네트워크 사업이 선택 아닌 필수라면?

시대의 변화 속에서 새로이 탄생한 네트워크마케팅 사업은 분명 꿈을 실현시키고 그 꿈을 주위에 전달하는 매력 있는 비즈니스다. 흔히 우리가 살아가면서 돈 버는 방법은 세 가지라는 말이 있다.

첫 번째는 시간을 투자하는 것이다. 예를 들어 직장인들은 오전 8~9시에 출근해서 오후 6~7시에 퇴근하는 식으로 일정한 시간을 돈과 맞바꾼다. 하지만 시간과 돈을 맞바꾸는 것만으로는 결코 부자가 될 수 없다. 시간은 누구에게나 한정되어 있어서 아무리 투자해도 수입이 크게 증가하지 않기 때문이다.

비슷한 이치로 시간을 투자하는 자영업도 마찬가지다. 우리나라 대부분의 자영업자들은 비슷한 지역에서 비슷한 업종으로 경쟁을 시도한다. 게다가 조금 인기가 있다 싶으면 너도 나도 뛰어들어 소모적인 경쟁을 하게 된다. 상황이 이러니 특별한 노하우나 차별화가 없는 한 매출도 크게 늘 수 없다. 게다가 새벽부터 문을 열고 밤까지 일을 해야 그나마 현상 유지라도 한다. 결국 자영업도 시간과 노동의 투자에 따라 수입이 결정되는 것이므로 부자가 되기가 쉽지 않다.

두 번째는 자본을 투자해서 돈을 버는 것이다. 이것은 부동산 투자, 주식 투자 등처럼 일정한 자금으로 돈을 불려나가는 것을 뜻한다. 그러나 이 경우는 정확한 정보와 일정 규모 이상의 자금, 그리고 상당한 노하우가 필요할 뿐 아니라 세계 동향이나 경제 상황 등에 따라 높은 위험성을 감수해야 하므로 아무나 뛰어들 수도 없고, 자칫 잘못했다가는 빚더미에 오르는 경우가 허다하다.

세 번째는 복제를 통해 돈을 버는 것이다. 이는 자기 일을 다른 사람이나 기계에 맡기는 방식이다. 예를 들어 대기업 회장은 수만 명의 종업원들을 고용해 일을 시키고 대가로 임금을 지불한다. 즉 그는 종업원들을 통해 '시간을 복제' 하고 자기는 더 중요한 일을 한다. 즉, 자신은 하루 2시간만 일하고도 2천 시간이나 일한 효과를 내는 것이다.

23세에 백만장자가 된 J. 폴 게티는 21세기 성공의 필수 요소로 다음 6가지를 꼽는다.

첫째, 자기 사업을 가져야 한다.

둘째, 수요가 큰 제품을 공급해야 한다.

셋째, 제품에 반드시 보장 제도를 채택해야 한다.

넷째, 경쟁자보다 나은 서비스를 제공해야 한다.

다섯째, 열심히 일하는 사람들을 보상해 주어야 한다.

여섯째, 다른 사람의 성공을 도움으로써 자신의 성공을 도모해야 한다.

네트워크마케팅은 이 6가지 요소를 정확하게 만족시켜주는 사업으로 무한 복제라는 탁월한 시스템을 구축하고 있다. 일단 사무실이 필요 없어 임대료 걱정을 할 필요가 없고, 직원도 필요 없다. 자본이 많이 들지 않으므로 애써 은행 문을 두드리지 않아도 된다.

중요한 것은 사업을 시작하겠다는 마음, 그리고 끈기다. 또한 네트워크마케팅은 생활 소비문화 속에서 고정적인 이익을 얻는 사업인 만큼 모든 자본을 투자해서 올인하는 사업이 아니며, 자신의 본업을 유지하고 투잡으로 하는 것도 얼마든지 가능하다.

우리는 흔히 성공한 사람을 존경한다. 이들은 돈과 시간으로부터 자유롭고, 평생 일할 수 있고, 많은 사람들이 따르고 사회적으로도 존경받는 사람들, 즉 돈과 시간, 직업과 친구, 그리고 명예 모두를 가진 사람이며, 네트워크 사업은 이 5가지를 이뤄내는 길에 부족함이 없는 사업이 될 것이다. 실제로 네트워크마케팅은 지금까지 엄청난 수의 성공자를 키워오면서 특히 80~90년대 미국에서 엄청난 백만장자를 탄생시킨바 있다.

네트워크마케팅의 8가지 가치성

1. 삶을 변화시키는 교육 시스템을 갖고 있다

2. 직업을 바꾸는 것 이상의 의미를 지닌다

3. 적은 비용으로 사업을 구축할 수 있다

4. 부자들이 투자하는 대상에 투자할 수 있다

5. 꿈을 현실로 만들 수 있다

6. 네트워크의 진정한 힘을 발휘한다

7. 마음에 품고 있는 가치가 현실을 결정한다

8. 리더십의 가치를 일깨워준다

출처:로버트 기요사키〈부자 아빠의 비즈니스 스쿨〉

현대 사회는 다양한 소비 관계 속에 얽혀 있다. 이는 현대의 소비 구조를 잘 이용하면 부가가치를 생산해 내는 것이 가능하다는 것을 의미한다. 그리고 네트워크마케팅은 위험성이 높은 다른 투자나 자영업에 모든 것을 던지는 대신 자신의 기틀을 유지하는 가운데 확장시켜낼 수 있다는 점에서 현대 사회를 살아가는 많은 이들에게 새로운 부가가치를 안겨줄 수 있는 사업이다.

　그렇다면 언제 어떻게 이 사업을 시작해야 할까? 지금부터 사업의 타이밍과 관련한 다음 장을 살펴보도록 하자.

4

문제는 타이밍이다

우리는 늘 새로운 세계를 개척하면서 살아간다. 그러나 변화를 꾀하기에 앞서서 우리가 생각해 봐야 할 부분이 있다. 바로 그것을 시도하는 타이밍이다.

우리는 일을 할 때도 우선순위라는 것을 따진다. 좀 천천히 해결해도 되는 일이 있는가 하면 재빨리 처리해야 할 일도 있다. 이때 '중요한 일'은 시간보다는 내용이 중요하니 신중하게 처리해야 할 일을 뜻하고, '긴급한 일'은 내용도 내용이지만 시간을 다투어 처리해야 할 일을 뜻한다.

그리고 변화의 와중에서 자신의 활로를 정해야 할 때는 이 긴급함과 중요함이 모두 겹쳐 있는 경우가 많다. 즉 지금의 현실을 돌아보고 그 중에 핵심적인 부분을 판단해 행동으로 이어가는 긴급성과 중요성 모두가 강조되는 것이다. 그리고 이처럼 타이밍을 잘 맞추는 이들은 미래를 자신의 것으로 만들 가능성도 높아진다.

물론 인간은 미래를 예측할 수 없는 존재다. 그렇다고 손 놓고 미래가 내게 다가오기를 기다리는 것만큼 어리석은 일도 없다. 따라서 미래를 예측하기 어렵다면 지금부터 멀지 않은 시기인 한 달과 한 주, 마지막으로 오늘 이 순간을 준비하는 것은 어떨까?

물론 그것은 앞으로 다가올 큰 미래인 5년과 10년을 바라보는 포괄적인 시선 속에서 이루어져야 하며, 현재 내 눈앞에서 일어나는 변화들을 예측 가능한 범위 안에서 예측하고자 하는 노력이 필요하다.

즉 나는 앞으로 무엇이 되고자 하는가? 내 인생에 행복을 가져다 주는 것은 무엇인가? 가까운 미래와 먼 미래에서 내가 얻고자 하는 것은 무엇인가? 이 모든 질문들을 던진 뒤 쓸데없는 주변을 정리하고 오늘에 투자해야 한다.

물론 변화는 어려운 것이자 미지의 것이다. 미래는 쉽게 예측하기 쉽지 않은 데다 자칫 잘못하면 지금 누리고 있는 혜택조차 잃게 될 수 있다. 그러나 우리는 변화 그 자체를 좋아해서 변화하는 것이 아니라 단지 그 변화가 필요하기 때문에 하는 것뿐이다.

또한 반대로 생각해 보면, 내가 먼저 변화를 찾아가야 할 때도 있다. 바로 그 변화가 더 큰 혜택을 가져온다는 확신이 들 때이다. 따라서 어떤 일을 시작할 때는 그 변화가 주는 혜택이 무엇이며, 언제 어떻게 도전해야 좋을지 자신만의 플랜을 짜고 행동해 나가는 것이 중요한 것이다.

이런 면에서 사업으로서의 네트워크 마케팅은 불황일수록 더더욱 매력 있는 사업으로 존재해 왔다. 평소의 소비를 통해 수익을 창출할 수 있는 무점포 무경험 사업으로서 큰 위험없이 시도해 볼 수 있으며, 노력 여하에 따라 더 크게 성공할 수 있는 가능성의 사업이기 때문이다.

지금이 변화의 적기라는 생각이 들 때 도전해 보는 것, 그것이 타이밍의 고수들이 선택하는 성공 노하우라는 점을 기억하자.

5

우리는 무엇을 선택해야 하는가?

모두 잘 알겠지만 우리나라의 사회구조에서는 사업으로 성공하려면 자본과 학벌 등 많은 장애물들을 넘어야 한다. 대부분의 사업은 인맥과 학벌 등이 자본의 크기와 유무 등에 상당한 영향을 받기 때문이다. 상황이 이렇다 보니 평범한 사람들에게는 좋은 변화의 타이밍이 와도 선뜻 나서기가 쉽지 않다.

그러나 네트워크마케팅은 학벌과 자본이 아닌, 오직 노력을 통해 이루어지는 사업 구조를 가지고 있다. 아니 오히려 자본이 없고 학벌이 없기 때문에 더 성공할 수 있는 사업이다.

네트워크마케팅은 평범한 소비자가 제품을 직접 써보고 제품이 좋다는 확신이 들면 주위에 소개하고, 그 대가로 절약된 광고비와 중간유통마진을 받는 형태로 이루어진다. 즉 어떤 물건을 애써 팔거나 남의 호감을 얻으려 노력하지 않고도, 제품을 써보는 자체만으로도 사업이 이루어지는 셈이다. 다시 말해 네트워크마케팅은 일반인들에게 가장 적합한 사업 방법으로 참여하는 방식은 다음 3가지 중 하나다.

첫째 : 일반 소비자로 참여하는 방법
둘째 : 투잡(2Jobs)으로 참여하는 방법
셋째 : 전업자로 참여하는 방법

즉 각자의 여건과 성향에 따라 얼마든지 참여 방식이 달라질 수 있으며, 무리하게 자본을 투자해 지금의 모든 혜택을 버리지 않아도 투잡(2Jobs)만으로도 일정한 수입을 올리는 것이 가능하다.

최근 들어 줄도산을 맞고 있는 중소기업과 자영업자들의 상황을 보면 잘 알겠지만, 모든 것을 걸고 도전하는 것이 어렵다면 천천히 기틀을 다져나가는 것이 지금 같은 위기상황에는 적합한 사업 형태다.

이런 면에서 네트워크마케팅은 회사의 여러 제품을 일반 소비자 입장에서 사용해 보고서 그 품질과 가격에 대한 확신이 생기고 여기에 사업성까지 있다고 판단되면 비로소 부업으로 시작할 수 있는 안전성이 높은 사업이다. 물론 직접 써보긴 했는데 그다지 사업성이 없다고 판단한다면 그

때는 일반 소비자에 머무는 것도 나쁘지 않다.

대개 불법 피라미드에 엮여들거나 문제가 생기는 것은 모든 것을 걸고 배팅하려는 성급한 욕심 때문이다. 그러나 부업으로 사업을 시작하게 되면 천천히 장시간을 두고 네트워크를 구축하면서 탄탄한 기반을 마련하고 무리한 사업 전환으로 인한 부담도 최소화할 수 있다.

따라서 네트워크마케팅으로 부업으로 하든 전업으로 하든 일단은 성급하지 않은 것이 제일 중요하다. 그렇다고 사업진행을 위한 열정 조차도 미지근해도 된다는 말은 아니다. 네트워크 마케팅에서는 꾸준히 네트워크 소비자를 구축한 뒤에야 비로소 수익이 기하급수적으로 커진다는 점을 이해해야 한다. 무엇보다도 중요한 것은 차분히 성공을 위해 '준비' 하고, 선택했으면 일관성 있게 추진하려는 노력과 열정일 것이다.

돈을 모으기 힘든 15가지 이유

1. 돈을 쓰지 않으면 불편하거나 스트레스를 받는다.

2. 친구를 만나다 보면 적게 쓸지 많이 쓸지 추측할 수 없다.

3. 자동차 비용은 생각보다 타격이 크다.

4. 명품 및 브랜드 의류 구입은 그 가격 외에 관리비도 상당하다.

5. 젊었을 때는 쓰고 싶고 놀고 싶은 충동이 강하다.

6. 아무 것도 없는 상태에서 모은다는 것은 더 힘들다.

7. 애인을 사귈 때 자기도 모르게 쓰는 돈이 많다.

8. 화장품의 치명적인 약점은 비싼 소모품이라는 점이다.

9. 카드의 편리함에 놀아나고 있다.

10. 빚을 쉽게 생각한다.

11. 쉽게 돈을 벌려는 욕심에 빠진다.

12. 편하게 돈 벌 생각을 하게 된다.

13. 과도한 술과 담배가 자기도 모르는 사이에 나쁜 습관을 만든다.

14. 절약하기 위한 좋은 습관이 필요하다고 생각하지 않는다.

15. 틀에 짜여 있는 공부만 했지 자라오면서 경제력에 대해 무감각했다.

- 자료 출처 : 네이버 블로그 -

| 시스템의 비밀 |

성공하는 사업이 가진 가장 중요한 요건은 바로 시스템이다. 시스템이 지니는 위력은 매우 놀라운데, 기존에 잘 갖춰진 시스템을 잘만 이용하면 아주 유익한 가치를 만들어 낼 수 있다. 즉 사막에서 직접 물을 길러 온다고 칠 때, 시스템이 구축되어 있으면 굳이 물통을 가지고 오가지 않아도 파이프라인을 통해 물을 공급받을 수 있게 되는 것이다. 즉 시스템은 시간과 노력의 투입을 최소화하고도 원하는 결과를 얻도록 해주는 방법이다. 그렇다면 시스템은 어떤 방식으로 얻어낼 수 있을까?

첫째 : 기업 등의 시스템을 직접 구축하는 방법이 있다. 예를 들어 마이크로소프트의 빌 게이츠, 소프트 뱅크의 손정이 등을 예로 들 수 있다. 이들은 직접 사업 시스템을 만들었는데, 사실상 이는 상당한 자본, 노력, 능력이 필요한 만큼 누구나 할 수 있는 일은 아니다.

둘째 : 기존의 시스템을 구입하는 방법이 있다. 예를 들어 잘 짜여진 프랜차이즈 시스템이 그 예다. 맥도날드, NFC, 피자헛, 세븐일레븐 같은 유명한 프랜차이즈를 살 수 있다면 위험 부담이 적고 높은 수입을 올릴 수 있다. 다만 이 같은 프랜차이즈는 그 종류가 많아 옥석을 구별하기가 쉽지 않고, 큰 돈이 필요하다.

셋째 : 잘 짜여진 시스템에 들어가 그 일부가 되는 것으로 '네트워크마케팅 시스템' 이 바로 그것이다.

네트워크마케팅은 경영학에서 직접 판매라고 말하는 신 유통 기법을 뜻하며 이 직접판매는 광고 및 판촉에 드는 막대한 비용을 줄여 제품의 품질과 고객 서비스의 향상에 투자하는 효율적인 방식이자, 평범한 사람들에게도 얼마든지 사업 기회를 제공한다.

 즉 일단 잘 짜여진 시스템을 열심히 활용하기만 하면 시간과 노력을 절약하면서도 원하는 수입을 올릴 수 있는 매우 효과적인 사업이 된다.

제4장

불법다단계 회사가

당신에게 알려주지 않는 진실

1

목표가 있어야 크게 성공한다

많은 불법 다단계 회사들의 사업설명회에 가보면 당장이라도 큰 돈을 벌 수 있을 것처럼 부추긴다. 인생의 목표나 성취의 과정에서 오는 귀중한 깨달음은 제쳐 놓고 당장 내 주머니에 들어올 수입만 생각하도록 세뇌시킨다.

그러나 윤리적이고 함께 성공하는 사업 모델은 하나같이 그에 걸맞은 훌륭하고 현실적인 목표를 가진다. 인간은 목표 없이는 제대로 된 길을 갈 수 없는 만큼, 목표는 성공한 인생의 안내자 역할을 하는 중요한 요소다.

귀머거리이자 벙어리, 장님이었지만 그 누구보다도 풍부하고 현명한 삶을 살았던 헬렌 켈러를 보자. 그녀는 눈이 보이지 않거나 귀가 들리지 않는 것보다 무서운 장애는 바로 목표가 없는 것이라고 말한 바 있다. 목표는 인생의 길잡이이자 행동을 불러일으키는 동기부여의 힘이며, 가게 될 길을 보여주는 표지판이다. 또한 한 인간으로서 자신의 가치를 펼쳐 보이는 중요한 과정이자, 오늘보다 행복한 내일을 약속하는 행동이다.

다시 말해 어떤 일을 하든 훌륭한 목표가 없다면 그 일은 공허한 욕망에 불과하다.

목표가 있는 네트워크 비즈니스의 성공 유형

목표를 놓치지 않는 사람

준비하는 사람   +   일관된 행동을 하는 사람

긍정적으로 생각하는 사람

어떤 일에서든 목표가 없으면 성공도 얻을 수 없다. 우리가 목표를 설정하는 이유도 바로 이 때문이다. 목표를 탄탄하게 세워놓으면 자기가 지금 어디쯤에 놓여 있는지 그 위치를 파악할 수 있을 뿐 아니라, 자신이 향하고 있는 발걸음이 어디로 가고 있는지 알 수 있기 때문이다.

또한 목표가 있으면 그에 도달하기 위해 의식적으로 노력하게 되는 만큼 더 나은 결과물을 내오게 되고, 힘들 때도 그것을 이겨낼 힘이 생긴다.

또한 자신의 성장과 성취과정에 동기를 얻게 되고, 그 일에 대한 집중력도 키울 수 있다. 네트워크 사업뿐만 아니라 모든 사업에는 사전적인 검토와 그것에 대한 득실 여부를 잘 따져 보려는 노력이 필요하다.

그렇다면 네트워크사업에서 훌륭한 목표를 세우려면 어떤 점을 유의해야 할까?

첫째, 목표를 세워야 하는 이유를 명확히 하고 반드시 자신에게 절실한 부분을 파악한다. 고민없이 세운 목표는 감정적이 되기 쉽고 에너지를 끌어내기 어렵다.

목표를 설정하고 그것을 관리해 나가기 시작하면 이미 목표는 이루어지고 있다고 할 수 있다. 그만큼 목표를 세우는 것이 중요하며 목표를 설정하는 과정 또한 주도면밀하게 이루어져야 한다.

즉 이 사업을 함으로써 내가 현실적으로 성취할 수 있는 것이 어느 정도인지를 고민하고, 이 사업을 하는데 얼마만큼의 시간을 투자할 수 있고, 그를 통해 어느 정도 수입을 올릴 수 있을지, 이 사업을 할 때 장·단점은 무엇인지를 정확하게 분석하고 파악해야 한다.

둘째, 목표를 정했다면 그 목표를 언제 달성할 것인지 날짜 기한을 정해야 한다. 이는 목표를 이루어내는 데 필요한 긴장감을 얻기 위해서다. 최종 시한은 생각하고 행동하고 반응하도록 만들어 에너지를 불러일으키기 때문이다.

셋째, 목표를 달성하려면 어느 정도의 비용 또는 자원이 소요되는지 검토해 보아야 한다. 만일 그 사업이 내가 감당할 수 없는 물질적, 시간적 투자를 요구한다면 과감히 접고 내 상황에 맞는 목표를 재설정할 필요가 있다. 목표를 설정할 때는 다음과 같은 요소를 반드시 참고하고 결정해야 한다.

- 목표를 왜 세워야 하는지를 이해해야 한다.
- 목표를 달성하는 데 필요한 기간을 정하고 비용을 산정한다.
- 목표를 이루기 위해 부족한 부분을 계발한다.
- 목표를 달성하는 과정의 장애 요인을 예상하고 대책을 세운다.
- 목표를 달성한 후 돌아오는 이익을 검토한다.

이처럼 목표 달성에 대한 구체적 지표를 잡았다면, 다음 장에서는 보다 정밀한 정보를 입수하고 이를 분석하고 활용하는 방법에 대해 알아보도록 하자.

|목표 설정 체크 포인트 |

다음은 목표 설정 이전에 준비 과정으로 해봐야 할 질문들이다. 각 질문에 따른
답들을 직접 적어보면서 내 목표의 형상을 그려보도록 하자.

- 당신을 가장 즐겁게 만드는 것은 무엇인가? 가장 행복했던 때는 언제인가?

- 정말로 하고 싶은 것은 무엇인가?

- 당신이 가장 존경하는 사람들은 어떤 일을 하는 사람인가?

- 지금껏 포기해 온 목표들은 어떤 것들이 있는가? 그것들은 왜 이루어지지 않았나?

- 시작하기에 너무 늦었다고 생각되는 것은 무엇인가?

- 지금까지 특별한 이유가 없음에도 미루기만 한 목표가 있는가?

- 왜 나는 할 수 없었는가? 왜 나는 하지 않았는가?

- 2년, 3년, 5년, 10년, 20년 후에는 어디에 있게 되기를 바라는가?

- 올해 무엇을 성취하기를 원하는가?

- 당장 실천할 작은 변화는 무엇인가?

2

시기를 잘 타야 한다

흔히 21세기를 기회의 시대라고 말한다. 21세기는 굉장히 속도감 있게 진행되는 시대이며, 그 안에서 수많은 변화가 거듭된다. 과거 19~20세기의 생산구조는 '토지, 노동, 자본'이라는 '3요소'로 대변되었다. 그러나 21세기를 거쳐 과학기술과 인터넷 정보통신 기술이 눈부실 정도로 발전하면서 산업의 생산구조 자체가 확연하게 바뀌었다. 특히 인터넷과 정보통신의 발전은 이 과거의 '3요소'를 과감하게 대체해 가고 있는데, 이제 21세기는 지식과 정보를 신속하고 정확하게 전달받고 이를 실천에 옮기느냐에 따라 가치의 창출 정도도 달라지는 시대가 되었다.

한 예로 19세기의 미국에는 이른바 골드러시라는 것이 생겨난 적이 있다. 1848년 캘리포니아에서 금이 발견되면서 수많은 사람들이 금을 채취하기 위해 세계 각지에서 몰려든 것이다. 이들은 부유한 삶을 꿈꾸면서 그 꿈을 위해 척박한 불모지를 개간해 새로운 땅을 일궈냈고, 실제로 많은 사람들이 부자가 되었다.

그렇다면 21세기의 골드러쉬는 무엇일까? 새로운 환경에서 우리의 인생에 큰 변화를 가져올 수 있는 절호의 기회는 과연 존재하는 것일까?

그것을 알려면 일단 부정적인 시선이 아닌 세상의 변화 전체를 파악하는 눈이 필요하다.

21세기는 많은 사람들이 이윤을 추구하고, 이윤 안에서 움직이고 있다. 그런 면에서 자본주의 사회는 기회를 잡고 그것을 활용하는 사람들의 세상이라고 할 수 있다.

그리고 이 같은 변화는 반드시 새로운 골드러쉬를 동반하는데, 예를 들어 이동통신 사업이 인기를 끈 것은 핸드폰과 인터넷의 발견과 발전에 힘입은 것이었다. 그런가 하면 예전처럼 가정을 만들지 않고도 홀로 살아가는 독신들을 대상으로 한 여러 상품들이 등장한 것도 세상의 변화와 관련이 있다. 그런 면에서 네트워크마케팅의 발전은 바로 소비 중심의 사회구조, 더 나아가 유통 과정의 변혁이라는 새로운 변화와 맞물린 골드러쉬라고 할 수 있다.

어떤 사업 설명회를 가보면, 이 사업이 어떤 배경에서 탄생되었고 사회의 어떤 변화와 맞물려 급성장하고 있는지 그 배경 지식은 언급도 하지 않고, 무조건 사업을 하면 성공한다고 역설한다. 그러나 성공이라는 것도 결국은 시대 읽기와 관련이 있는 만큼 시기를 잘 타야 하며, 지금 네트워크마케팅이 요구 받는 이유도 바로 시대가 그것을 원하기 때문이다. 만일 앞으로 100년 후, 또는 과거 100년 전에 네트워크마케팅이 등장했다면 아마 지금과 같은 관심과 성장은 어려웠을 것이다.

따라서 이 사업을 준비하고자 한다면, 그 이전에 많은 경험을 가진 이들로부터 네트워크 사업의 장점과 단점, 더 나아가 시대 속에서 이 사업이 어떤 의미를 지니는지, 어떤 흐름으로 성장 기회를 잡을 수 있는지 등을 보다 상세히 파악해 둘 필요가 있다. 즉 많은 정보와 지식을 수집하고 분석하는 부지런함이 없이는 네트워크마케팅 사업, 더 나아가 어떤 사업이라도 성공할 수 없다.

누군가 "당신은 성공을 꿈꾸고 있는가?"라며 물으면 아마 다들 그렇다고 말할 것이다. 하지만 "성공을 위하여 당신은 무엇을 준비하고, 어떻게 움직이고 있는가?"라고 물으면 상황은 달라진다. 대부분은 부자가 되고 싶다는 막연한 희망만 가지고 있기 때문이다. 그러나 그 막연한 희망과 상상들로 머리를 복잡하게 만드느니 시기에 맞춰 주어진 기회 속으로 자신을 직접 리모델링하는 쪽이 훨씬 효율적일 것이다.

할 수 있다는 자신감은 성공의 필수 요건이다. 그러나 이러한 자신감은 의지만으로 생겨나는 것이 아니라. 시대의 변화를 읽을 수 있는 능력과 그 속에서 기회를 찾아낼 수 있는 사람만이 미래의 성공에 대한 확신을 가질 수 있다는 점을 기억하자.

3

노력만큼 선택도 중요하다

"난 아무리 노력해도 실패만 했어."라고 생각이 드는가? 그렇다면 아마 당신은 지금껏 잘못된 방향으로 노력했을 가능성이 높다. 무조건 노력만 한다고 성공하는 것이 아님에도, "노력하십시오, 그럼 성공합니다." 하고 확언하는 이들이 있다면 그들의 말은 귓등으로 흘려버려라. 열심히 하는 것도 중요하지만, 진짜 중요한 것은 어떤 도구를 가지고 열심히 노력 하는가이기 때문이다.

네트워크 비즈니스를 할 때 반드시 고려해야 할 사항이 있다. 바로 업체와 상품의 선택이다.

최근 들어 네트워크마케팅 업체의 수가 점점 늘어나면서 어떤 업체와 어떤 상품을 선택할 것인가가 점점 더 중요해지고 있다. 업체 선택은 이미 그 자체로 사업의 방법을 결정한 것과 다름없기 때문이다.

예를 들어 불법 피라미드 회사도 많고, 성장가도를 달리는 성공한 회사도 있는 상황에서 피라미드 회사를 선택할 경우, 그것은 아무리 노력해도 이미 실패할 수밖에 없다는 것을 의미한다. 따라서 꿈을 이루고 싶다면 무조건 노력하겠다고 다짐하고 서두르기보다는, 다각적으로 확인하고 점검해 시행착오를 줄여야 한다.

네트워크 회사를 선택할 때 고려해야 할 핵심 포인트

- 경영 이념과 재무구조 : 회사와 사업자 모두에게 이득이 되는지를 살펴보고 재무상황을 검토해야 한다.
- 시스템 : 마케팅 플랜, 프로그램을 살펴 과연 비전이 있는 시스템을 가졌는가, 합리적 마케팅으로 지속성이 있는가를 따진다.
- 상품 : 회원의 입소문으로 확산될 수 있을 만큼 좋은 상품인가를 판단한다.
- 관계된 사람들의 신뢰도 : 회사 직원 및 참여한 동료사업자 등이 신뢰감을 주는지 알아본다.
- 자신감 : 본인의 능력과 적성 등을 고려해 할 수 있을지를 가늠한다.

그런가 하면 사전에 확인해야 할 몇 가지 사항들도 더 있다.

첫째, 사업자가 되기 전에 우선 그 회사의 적법성을 나타내는 법률적 등록번호를 반드시 확인한 뒤, 의심스러운 점이 있으면 일단 가입을 보류한 뒤 사실을 확인해야 한다. 불법 회사들의 경우 등록번호가 없다. 이는 조금만 세밀히 조사하면 금방 알 수 있다. 또한 불법 회사의 사업자로 활동하게 되면 자신도 모르게 범법자가 되므로 이 부분에서 각별한 주의가 요구된다.

둘째, 그 회사의 취급 상품을 면밀히 검토하는 일도 필요하다. 내가 자신감 있게 활동하려면 상품 및 시스템이 안정적이어야 한다. 네트워크 상품들은 광고나 판촉이 따로 없는 만큼 품질로 승부하는데 그 가격과 품질이 유사제품에 비하여 충분한 경쟁력을 지녀야 사업성이 있기 때문이다.

셋째, 절차를 확인해 기회가 충분한지를 알아보는 것도 도움이 된다. 많이 알려지긴 했는데 언론을 통해 부정적 이미지가 정착된 경우라면 좋지 않다. 각 회사마다 고유한 보상 방식과 제품들이 있지만 나의 특성과 맞는지도 검토해야 한다.

넷째, 회사가 수입이나 직급 등을 빌미로 무리하게 실적을 부추기는지를 검토해야 한다. 회사 분위기가 지나치게 실적 위주라면 그곳은 얼마 안가 사업자가 지쳐 버리거나 무리한 행동을 불러일으킬 수 있는 곳임을 명심해야 한다.

위의 네 가지는 어떤 네트워크 회사를 선택하든지 반드시 점검해야 할 목록인 만큼 한 단계마다 정확하게 조사에 임하고 결정해야 한다.

ㅣ청약 철회 제도, 피해 보상 제도를 알아두자ㅣ

최근 발생한 엄청난 금액의 다단계 피해는 각각의 사업자들이 꼭 알아두어야 할 법적인 조항을 점검하지 않았던 것도 일부 원인으로 작용했다. 만일 이런 법적 사항을 잘 알아두고 미리 점검했더라면 피해액도 훨씬 감소했을 것이다.

다음은 회원 가입 전에 미리 알아두어야 할 사항들이다.

첫째, 올바른 네트워크 회사는 탈퇴 의사를 표시한 후 언제든지 탈퇴할 수 있으며, 업체는 탈퇴에 대해 어떠한 조건도 부과하지 않는다. 또한 사업자도 그때까지 판매하지 못한 상품을 업체에 반환해 상품 대금을 환불받을 수 있다. 만일 업체가 폐업을 하거나 방문판매 등에 관한 법률을 위반해 등록이 취소된 경우 공탁금에서 상품대금을 환불받을 수 있다는 점을 알아두자.

둘째, 14일 이내이면 청약을 철회할 수 있다. 즉 상품을 구매하거나 서비스를 제공받았더라도 다음의 기간 내에 제품이 훼손되지 않았다면 언제든지 청약을 철회할 수 있다.

- 계약서를 교부받은 때로부터 14일 이내
- 계약서를 교부받은 때보다 상품의 인도 또는 서비스의 제공이 늦게 이루어진

때에는 상품을 인도받거나 서비스를 제공받은 날로부터 14일 이내

● 계약서를 교부받지 않았거나 주소 등이 기재되지 않은 계약서를 교부받은 경우, 또는 네트워크 마케팅 업체의 주소가 변경되는 등의 이유로 청약을 철회할 수 없을 경우에는 그 주소를 안 날 또는 알 수 있었던 날로부터 14일 이내

● 소비자가 청약의 철회의사를 표시한 서면을 발송했을 경우에는 서면을 발송한 날 그 효력이 발생한 것으로 간주된다.

참고로 환불을 쉽게 받으려면 사업자보다는 네트워크 마케팅 업체에 직접 청약을 철회하는 편이 낫다.

셋째, 소비자 피해보상제도를 적용받을 수 있다. 2002년 7월 1일부터 네트워크마케팅 업체가 폐업하거나 부도가 나도 구입한 물품의 대금을 쉽게 반환 받을 수 있게 되었다. 업체들마다 소비자들의 물품 반환에 대비해 3개월분 매출액 규모를 소비자 피해 보상보험에 의무적으로 가입하도록 되었기 때문이다.

마지막으로, 네트워크 마케팅 업체들이 판매할 수 있는 1개 물품의 가격 한도가 현재 최고 100만원에서 130만원으로 바뀌었다는 사실도 염두에 두는 것이 좋다.

위험을 감수하지 않으면 기적도 없다

시작하기만 하면 성공하는 사업이 있다면 얼마나 좋겠는가?

그러나 현실적으로 그런 사업은 없다. 새로운 일을 시작하려면 누구나, 어느 정도 리스크를 감수해야 한다고 보는 것이 맞는 것이다. 그리고 그 것은 네트워크 비즈니스에서도 마찬가지다. 아무리 훌륭한 시스템을 갖 춘 안정적인 회사라고 해도, 정작 자신의 사업을 일구어가는 것은 그 자 신이며, 그 과정에서 부딪치는 모든 장애를 이겨내는 것도 결국은 그 자 신이다. 즉 미래를 내다보되 언제 결단을 내려야 할지 타이밍을 정하고, 한동안 안정을 버리고 두 발로 바쁘게 뛰어다닐 준비를 갖춰야 한다. 기 회가 왔을 때 그냥 앉아 있을 것이 아니라 비록 어려운 길처럼 보여도 최소의 위험을 감수하고 몸으로 움직이라는 뜻이다. "좋은 기회를 만나지 않는 사람은 없다. 단지 그것을 잡지 못했을 뿐이다"라는 카네기의 말도 바로 이런 의미였을 것이다.

일본의 유수 전기회사인 마쓰시타는 1950년 무렵 흑백 TV 보급률이 고작 5퍼센트였던 무렵 보급률의 급상승을 예측하고 대대적인 투자를 감행했다. 당시 여론은 마쓰시타의 투자를 무리하고 어리석은 짓이라고 단정했다. 그러나 바로 다음해 일본 황태자의 성혼식이 방영되면서 흑백 TV는 폭발적인 보급률을 보이기 시작했고, 이 사건으로 마쓰시타 전기는 일본 TV 시장을 석권했다.

이는 TV가 얼마 안 가 인기 상품이 될 것이라는 정확한 예측, 가정문화에 기여한다는 예견력, 그리고 상식을 뛰어넘어 나아가는 마쓰시타 고노스케의 정확한 분석, 단호한 결단력이 있었기에 가능했다.

만일 차를 운전한다고 치자. 이때 커브길이 나타나면 속도를 늦추고 자연스럽게 핸들을 꺾는다. 이때 그 길을 몇 번 다녀본 사람은 어디서 핸들을 꺾고, 어느 지점에서 기어를 바꿔야 할지 예측할 수 있다.

하지만 낯선 곳에서 차를 몰면 그런 예측이 불가능하므로 어디서 브레이크를 밟거나 기어를 올릴지 망설이게 된다. 네트워크 비즈니스도 마찬가지다. 아무리 이론적으로는 쉬워 보여도 막상 들어서면 자신이 모르는 문제들이 발생할 수 있으며, 이런 어려움들을 이겨낼 만한 인내와 힘이 필요하다. 행운으로 들어서는 커브 길은 언제나 우리에게 다가온다. 중요한 것은 어느 지점에서 핸들을 꺾어야 할지 '시의적절한 결단'을 내려야 한다.

이처럼 결단을 내린 뒤에는 또 하나 고민해야 할 부분이 있다. 네트워크마케팅은 자신이 얻고자 하는 만큼 수익을 얻을 수 있는 시스템임은 틀림없다. 사회에 만연한 남녀 차별도 없고, 능력에 따라 성공하고 고소득을 얻을 수 있다. 그렇다고 이것이 아무나 할 수 있는 일은 아니다. 누구나 도전은 해볼 수 있겠지만, 이 사업에서 성공하려면 반드시 필요한 것이 '현장경험'이다. 심리, 논리, 상황 등에 대한 종합적인 경험이 최종적인 자산이 되는 것이다.

우리가 새로운 일을 시작할 때 겁을 먹는 것도 바로 이 경험이 없어서다. 하지만 처음부터 경험이 풍부한 사람은 없으며, 네트워크 사업에서는 앞서 이 사업을 시작한 사람들을 통해 얼마든지 배울 수 있으므로 크게 걱정할 필요는 없다.

네트워크마케팅에는 다운라인과 업라인 사이의 유대관계를 통해 새로 사업에 참여한 초보사업자들을 리드해 주는 시스템이 구축되어 있다. 따라서 혼자서 이 사업을 잘할 수 있을 때까지 도움의 손길을 받을 수 있다. 협력하여 서로를 도와야 더 많은 사람이 이익을 얻기 때문이다.

물론 처음 시작할 때의 어려움, 사업을 진행하면서 발생하게 되는 여러 가지 위험은 있을 수 있다. 그러나 그런 최소의 위험을 가지지 않는 사업은 애초에 없으며, "돈 얻고 사람 잃는" 대신 네트워크마케팅은 "돈 얻고 사람까지 얻었다"고 자랑스럽게 말할 만한 사업임을 알아둘 필요가 있다.

다음 장에서는 이 같은 네트워크마케팅의 안정적 시스템을 뒤흔드는 불법 다단계의 거짓말들에 대해 알아볼 것이다. 이는 미리 알아두고 정보를 얻어 불법 다단계를 구분할 수 있는 눈을 기르기 위함이기도 하지만, 뒤집어 보면 진정한 네트워크 비즈니스에 돌입하려면 어떤 면에 주의해야 하는지, 어떤 부분을 감안해야 할지를 알 수 있는 좋은 기회이기도 할 것이다.

| 업그레이드 미션 |

실패에서 배우는 10가지 교훈

1. 성공은 실수에서 얻은 교훈 99%와 1%의 영감으로 만들어진다.
2. 실패는 어떻게든 스스로를 감추려는 경향이 있다.
3. 방치한 실패는 성장하지 않는다.
4. 큰 실패는 29건의 작은 실패와 300건의 실수 끝에 발생한다.
5. 실패 정보는 전달을 꺼리며 전달되는 과정에서 늘 축소된다.
6. 실패를 비난하고 추궁할수록 더 큰 실패를 낳는다.
7. 실패 정보는 모으는 것보다 고르는 것이 더 중요하다.
8. 실패에는 필요한 실패와 일어나서는 안 될 실패가 있다.
9. 실패는 숨길수록 병이 되고 드러낼수록 성공이 된다.
10. 좁게 볼 때는 성공인 것이 전체로 보면 실패일 수 있다.

불법**다단계 회사의 거짓말**

1

세상에는 세 종류의 거짓말이 있다

흔히 세상에는 세 가지의 거짓말이 있다고 한다.

첫째는 정말 몰라서, 무지해서 하는 거짓말이다. 이런 경우는 정보의 전달 면에서 실패했을 뿐 도덕적인 면에서는 타격을 입지 않는다.

둘째는, 선의의 거짓말이다. 무언가 문제를 더 확대시키거나 남에게 고통을 주지 않기 위해 하는 거짓말로서 지나치게 잦지만 않으면 크게 해될 것이 없다.

마지막 거짓말은 바로 악의 있는 거짓말이다. 여기서의 악의란 남의 불행을 바라는 것만을 말하는 것이 아니라, 나의 개인적 이익을 위해 다른 사람을 이용하거나 침해하는 것 또한 해당된다. 그리고 많은 불법 피라미드 회사들이 바로 이 세 번째 거짓말을 주로 사용한다.

이들이 주로 하는 거짓말들은 상대로 하여금 이윤에 눈이 멀어 급하게 모든 것을 결정하고 사업에 발을 들이도록 만드는 달콤한 거짓말들이다. 다음은 이들이 하는 주된 거짓말의 유형을 정리한 것이다.

이 목록들을 살펴보고 어떤 사업설명회든, 더 나아가 어떤 사업자든 다음의 유형을 강요하거나 권한다면 다시 한 번 발을 빼고 곰곰이 생각해봐야 할 것이다.

1. 일자리를 알선하겠다

: 좋은 일자리가 있어. 보수는 꽤 높아. 지금 파트너가 필요해서 그런데 잠시 와줘.

2. 누구나 다 성공하는 사업이다

: 이 사업은 아주 쉽고 빨리 돈을 벌기 때문에 수익성이 높아. 변호사, 의사들도 많이 해. 아는 사람들은 다 하는 사업이야.

3. 가격은 비싸지만 제품이 너무 뛰어나다

: 이거 쓰고 나서 완전히 달라졌어. 가격은 좀 되지만 그만큼 가치가 있지. 그리고 네가 써보고 괜찮으면 굳이 다른 사람한테 팔지 않고 너만 써도 돼.

4. 회원 탈퇴 시에 각서를 써야 한다

: 그냥 형식적인 거라고 보면 돼. 회원 파악도 해야 하고 신상명세도 필요하니까. 만약을 위해 하는 거니까 부담 가지지 마.

5. 실패한 인생 그대로 살겠는가 (자존심을 건드린다)

: 너 정말 좋은 기회 놓치는 거 알지? 네가 싫다면 어쩔 수 없지만, 어차피 부자되는 것도 다 인연이 있어야 하는 거지.

6. 크게 노력하지 않아도 저절로 된다

: 이 사업은 큰 노력이 필요한 게 아니야. 그냥 사람들 몇 명 네하부라인으로 끌고 오면 그 사람들이 또다시 다른 사람들을 모집하거든.

2

뒤집힌 인간관계의 종착지

우리는 살아가면서 한번쯤 나를 이끌어주는 사람을 만나게 된다. 네트워크 사업은 결국 사람 안에서 이뤄지는 사업인 만큼 좋은 리더를 만나는 것이 아주 중요하다.

실제로 네트워크마케팅에서 인간관계는 조직을 활성화하고 존재하게 하는 가장 근본적인 힘이며, 이 휴먼 네트워크를 통해 모두가 수익을 얻는 윈윈(Win-Win)의 결과가 발생하게 된다. 그러나 불법 다단계의 경우는 완전히 다르다.

이들은 '인간 네트워크'가 아닌 '인간 사냥' 방식에 더 가깝다. 판매원이 되고자 하는 사람들에게 과도한 초기부담을 지우는 것이 특징이라는 점만 봐도 잘 알 수 있다.

예를 들어 80년대 후반에 우리나라에 불었던 피라미드 열풍을 보자. 가족 몰래 큰돈을 벌어보겠다고 이 사업을 시작한 사람들이 결국 가족과 친구까지 끌어들이고, 결국에는 파산과 더불어 가정파탄을 맞았다. 이는 피라미드 조직이 단순히 돈만 갈취하는 것이 아니라 인간과 인간 사이에 얼마나 심각한 문제를 일으키는지 보여주고 있다.

그렇다면 피라미드 조직이 가져오는 후유증들로는 어떤 것이 있을까?

첫째, 불법 다단계는 맹목적인 배금주의를 조장한다.

불법 다단계 판매원들은 사람을 모집할 때마다 '돈' 이라는 단어를 가장 많이 사용한다.

특히 짧은 시간에 높은 수입을 얻을 수 있다는 말로 유혹하는데 이것이 많은 사람들을 쉽게 끌어들이기 때문이다. 그러나 결과는 예상과 다르다. 이렇게 모집된 사람들은 대부분 몇 달 안에 최소한의 생활도 유지하기 힘든 어려운 상황에 처하게 되는 경우도 있다.

둘째, 불법 다단계 조직은 정신을 다치게 만든다.

이런 불법 조직들은 예상 가입자가 설명회에 참석하면 반복적인 세뇌 교육을 시킨다. 이때 폭력과 강압이 이루어지기도 하는데, 이처럼 혹독한 과정을 거치면서 올바르고 도덕적인 가치관들이 무너지고 '돈이면 무엇이든 되고 수단은 아무래도 상관없다' 는 생각이 자리를 잡게 된다.

실제로 가입을 거부하면 가두거나 폭력을 행사하는 일도 적지 않고, 일단 가입하고 나서부터는 친구·동료·가족들에게 계속 거짓말을 반복해야 한다. 그러다가 결국 이 길이 잘못됐다는 것을 알고 발을 빼고 싶어도 설득과 회유가 계속 들어와서 쉽게 물러서기가 어렵다. 또한 일단 빠져나온 뒤에도 여러 가지 후유증에 시달리는 경우가 많다.

셋째, 불법 다단계 조직은 인간관계를 파괴한다.

불법 조직은 새로운 사업자를 모집하면서 그들이 친구와 직장동료·가족과 친척들을 모두 동원하도록 종용한다. 그렇지만 이 모든 노력에도 불구하고 원하는 수익을 올리는 사람은 거의 없다.

게다가 거짓말에 대한 비판과 질책을 받으면서 친구 관계나 가족 관계에 금이 가고 만다. 불법 피라미드는 많은 피해를 양산하지만 특히 사회의 근간인 인간관계를 파괴한다는 점에서 한 개인의 문제를 넘어 사회 전체에 위협이 되는 일이 아닐 수 없다.

그렇다면 이처럼 무서운 불법 다단계에 가입자들이 직접적으로 엮이게되는 이유는 무엇일까? 그 비밀은 바로 숫자에 대한 맹신에 있다. 불법 다단계들이 이용하는 숫자 놀이의 허와 실을 다음 장에서 살펴보도록 하자.

| 금융 피라미드로 인한 알바니아의 내전 사태 |

지금까지 일어난 금융피라미드의 가장 큰 피해 사례는 1997년 3월에 일어난 알바니아 내전일 것이다.

당시 알바니아는 10여개에 이르는 피라미드식 예금 계좌 열풍이 불었고, 여기에 투자한 사람이 3가구에 1가구 꼴로 사기 금액만도 국민총생산의 30%에 가까운 10억 달러에 달하면서 세계적인 놀라움을 자아냈다.

이 금융 피라미드 사태의 시작은 피라미드 계좌에 돈을 투자했던 국민들이 투자회사들의 잇단 도산으로 엄청난 손해를 보면서 시작됐는데, '고금리 보장'에 속아 돈을 맡겼다가 이자는커녕 원금도 돌려받지 못하게 됐기 때문이다.

애초 일정액을 가입하고 사람들을 가입시키면 연 130%~200%에 이르는 초고금리를 준다고 광고했던 피라미드식 투자회사들이 줄줄이 도산하자 정부는 예금계좌를 아예 동결해 버렸다.

야당연합에서는 알바니아 정부가 피라미드식 투자를 장려하며 정치 자금을 조달해 왔다고 비난했으며 국민들은 정권 퇴진과 조기 총선을 요구하는 정치적 시위를 벌여 내전으로까지 번지는 등 사태가 걷잡을 수 없이 번지는 결과를 낳았다.

3

감동 없는 숫자의 게임

피라미드의 원조는 '폰지 사기'이다. 1920년대 미국의 사기꾼 찰스 폰지의 이름에서 따온 말로서, 가짜 사업을 시작해 투자자를 모아 그 돈을 자기가 착복한 뒤, 투자자들에게 주어야 할 이익금은 다음 투자자들이 낸 돈으로 충당하는 '밑 빠진 독에 물 붓기' 수법이다. 그리고 바로 이 사기 형태가 피라미드의 원조가 되었다.

특히 이 피라미드 중에서도 무서운 피해를 내는 것이 바로 금융 피라미드인데, 앞서 언급한 알바니아 내전은 물론 우리나라에도 그 피해 사례가 급증하고 있어 큰 문제가 되고 있다.

95년 3월에 150~500만원을 내고 2주 안에 판매원을 1명 늘이면 원금의

2배를 되돌려 준다며 회원을 모집한 S사가 서울경찰청에 적발된 적이 있다. 비슷한 시기 후순위 투자자들의 투자액으로 선순위 투자자들에게 투자액의 4배를 한 달 안에 지급한다는 피라미드 회사 B사도 결국 경찰에 덜미가 잡혔다.

그러나 문제는 여기에서 그치지 않고 이외에도 수많은 금융피라미드 조직이 끊임없이 생겨나고 사라지기를 반복한다는 점이다.

특히 대량 실업과 경제 불안이 이어지고 있는 최근에 들어서는 낙찰계 방식으로 운영되는 피라미드와 증권투자를 빙자한 금융피라미드도 생겨나고 있다.

그렇다면 사람들이 이처럼 금융피라미드에 걸려드는 가장 큰 이유는 무엇일까? 바로 그들이 제시하는 어마어마한 숫자 때문이다.

이런 불법 피라미드 사업자들은 대개 사업설명회를 통해 100만원을 투자하면 4개월로 나눠 500만원을 지급하겠다는 식으로, 원금보다 훨씬 높은 수익을 낼 수 있다며 투자를 유혹한다. 상위 투자자가 하위 투자자를 끌어들이는 다단계 방식이 고스란히 이용되는 데다 엄청난 고금리를 제시하기 때문에, 대부분은 생각할 틈도 없이 그 엄청난 숫자의 게임에 걸려들게 된다.

게다가 최근 증시와 환율 불안, 불확실한 펀드와 부동산 시장 불경기 등으로 투자자들의 심리가 불안한 것도 문제다. 2008년 말 조사에 의하면 금융 피라미드 피해자는 총 29만 명 정도고, 피해액만 해도 4조806억4200

만 원 정도다. 또한 엄격한 단속에도 불구하고 2004년에는 314건, 2005년 318건, 2006년 434건에서 2008년 10월까지 325건으로 피해 사례가 줄지 않고 있어 우려를 낳고 있다.

심지어 얼마 전에는 인허가도 받지 않은 채 리조트 개발을 빌미로 투자자 6000명에게서 500억 원 대 투자금을 끌어 모은 업자가 구속되는가 하면, 숙취해소 음료 제조에 투자하면 25주 동안 150만원의 이익금을 주겠다며 722명에게서 280억 원을 받아 가로챈 업자도 있었는데, 이런 금융피라미드는 피해자가 큰 피해를 보기 전까지 경찰에 신고하지 않는 데다, 일부 피해자가 수법을 인지하고 가해자로 돌변하는 경우가 적지 않아 적발이 쉽지 않다고 한다.

그리고 이 같은 피해를 조금만 살펴보면, 숫자에 대한 우리의 강박과 맹목을 잘 알 수 있다. 조금만 더 합리적이고 이성적으로 생각했더라면 당연히 이것이 불법임을 알 수 있었음에도 아무런 과정과 노력 없이 얻을 수 있는 천문학적 숫자 앞에서는 현실 감각을 잃게 되는 것이다.

결국 선의의 피해자가 더 이상 생겨나지 않고 네트워크 사업이 건전하게 발전하려면 이를 단속하는 당국의 지속적인 노력도 필요하겠지만, 앞서 금융 피라미드 방지에 대한 적극적인 홍보를 하고, 옥석을 가려내는 소비자들의 자정 노력 또한 무엇보다 중요하다고 할 수 있다. 그러기 위해서는 숫자 게임에 빠지지 않으려는 개개인의 합리적인 사고가 절실하다고 할 수 있다.

또한 불법 다단계 업자들이 흔히 이용하는 수법은 이것만이 아니다. 계속해서 다음 장을 보자.

4

너무나 당연히 사상 최고라고 한다

불법 다단계 업체들은 '사상최고(대)' 라 한다. 이것은 언뜻 그 회사의 영업 방식이나 제품들을 새로운 것처럼 느끼도록 만들기 위해서다. 또한 사람들의 눈길을 끌기도 쉽다. 그러나 그 말이 진짜인지 그 자리에서는 확인해 볼 수도 없고, 실제로 사상 최고라고 해도 그것이 지극히 당연한 경우인 때도 적지 않다.

예를 들어 우리나라의 인구는 앞으로도 꽤 오랫동안 해마다 사상 최대가 된다. 연간 사망자보다 출생자 수가 많아서다. 통계청 인구 추산으로 계산해 보면, 2008년 우리나라 인구는 4860만 명이 되고, 2018년까지 4934만 명이 되는 등 꾸준한 증가세를 이어가다가 2018년 이후에는 다시 감소세로 접어든다. 따라서 2018년까지는 해마다 "올해 인구는 사상 최고"가 된다.

이 같은 '사상 최고 마케팅' 방식은 이미 우리 사회의 비즈니스에서 하나의 롤 모델로 자리 잡은 지 오래다.

많은 금융 상품이 국내 사상 최고의 금리를 제시하거나, 사상 최고의 매출액과 이윤을 자랑하고, 이 같은 사실을 여러 경로를 통해 고객에게 제시하면서 신뢰를 얻고 자신들의 역동성을 증명하려고 노력한다. 쉽게 말해 쇼핑몰의 폭탄 세일 또한 소비자의 심리적 저지선을 무너뜨리는 '사상 최고의 할인 폭'을 강조한다. 실제로 이 같은 사상 최고 마케팅은 소비자로 하여금 이윤에 대한 확신을 갖게 함으로써 예기치 못한 계약이나 충동구매를 불러일으킨다.

불법 다단계 업체 역시 이 같은 비즈니스 룰을 잘 알고 있을뿐더러, 이를 훨씬 강도 높은 수위로 가망 사업자들에게 제시하는 경향이 있다. 사업 설명회 등에서 높은 이자율과 단기간 내의 비현실적인 수입을 제시하는 금융 피라미드의 경우가 가장 적절한 예로 보이는데, "우리 상품은 사상 최고의 이윤을 낼 수 있고, 우리 회사 역시 기존 제도권의 틀을 벗어난 혁신적인 기업입니다"라고 소개한다면, 일단 그 말이 사실인지 진위 여부부터 따져 물어야 한다.

여기서의 사상 최고의 이율이란 결코 내 손 안에 들어오지 않는 금액, 즉 환상만 부추기는 선전용 금액일 가능성이 높으며, 기존의 제도권 틀을 벗어났다는 것은 혁신적 사업 모델이 아닌 불법적 행위를 하고 있음을 스스로 인정하는 것이기도 하다.

문제는 '사상 최고와 최대'에 필요 이상의 신뢰와 관심을 보이는 우리의 태도다. 이는 사태를 현실적으로 분석하지 않고 임의대로 구성한 통계 수치만을 맹신하는 일반 소비자들의 통념과도 관련이 있다.

따라서 어떤 사업 설명회이든 '사상 최고'를 강조한다면 일단은 그것을 상술이라 여기고 의심을 품어야 한다. 그것이 진짜인가, 가짜인가는 하루 이틀만 조사해보면 알 수 있는 문제인 만큼, 섣불리 발을 담그는 어리석은 짓을 피해야 한다.(www.macco.or.kr / 02-3498-4952) 무언가를 선택하려고 한다면 사업설명회를 듣고 검토하는 일은 필요한 일이다.

무엇보다 네트워크마케팅의 기본 개념을 이해하는 것이 진위 여부를 가늠하는데 중요한 요소이다. 그리고 이성적이고 합리적인 사고를 가진 사람이라면 현장에서 제공되는 정보를 올바로 평가할 수 있을 것이다.

5

경제학자들의 거짓말

지금까지는 일반 사업자들 사이에서 벌어지는 거짓말을 다루었다면, 전문가들이 하는 거짓말도 있다는 점을 지적해 보려고 한다.

우리는 스스로를 경제에 대한 문외한이라고 생각하는 경향이 있다. 그래서 전문가의 말이라고 하면 무조건 믿고 따르게 되는 경우가 많다. 그러나 경제 부분의 최고 전문가라고 일컬어지는 석학 수준의 경제학자들도 거짓말을 하거나 실수를 한다는 사실을 알고 있는가?

2007년, 미국의 외교 전문지 〈포린 폴리시〉에 흥미로운 글이 실렸다. '경제학자의 거짓말'이라는 제목으로 발표된 이 글은 경제학자들의 대표적인 거짓말을 "높은 생산과 낮은 실업률이 모두를 잘 살게 해준다."는 말로 꼽았다. 그러나 이는 이른바 '선의의 거짓말'이었다. 미국은 2001년 이후 6년 동안 노동생산성이 15%나 상승했음에도 정작 중산층의 임금은 4% 하락했기 때문이다. 뿐만 아니라 이 공식적인 거짓말이 틀렸음이 다른 나라들에서도 속속 증명되기에 이르렀다.

이 예측이 어떤 이유로 거짓말로 전락했는가에 대해서는 여러 의견이 분분하고, 우리가 예측 못했던 영향도 있겠지만 이를 통해 사람들은 경제학자들도 여러 이유에서 비현실적인 이야기를 할 수 있음을 알게 되었다.

다단계 업계들이 동원하는 경제 전문가들의 이론들도 비슷한 면이 있다. 어떤 사업설명회 등을 가보면 경제 전문가라는 칭호 아래 다단계에 대해 다 아는 듯한 태도를 취하는 것을 볼 수 있다.

그들은 자신의 경제 논리를 네트워크 마케팅과 연결시켜 사업자들을 교육시키고 사업을 하게 만든다. 또한 사람들도 단지 전문가라는 그의 직함으로 인해 다른 면모들을 보지 못하거나 그의 말이 현실에도 곧바로 통할 것이라고 믿는다. 공적인 자리에서 공적으로 내뱉는 말에는 그만큼 무거운 책임이 따름에도 불구하고 일부 경제 전문가를 자처하는 사람들은 직접 사업설명회장을 방문해 사업자들로부터 더 많은 가입을 이끌어내고는 뒤로 빠져 버린다. 그러나 이들의 말이 정말로 현실에서 적용 가능한 살아 있는 지식인 것일까?

앞의 〈포린 폴리시〉사례에서도 볼 수 있듯이 이론과 현실은 하나가 아니다. 이론의 세계는 현실의 세계를 모두 규정하거나 분석할 수 없다. 아무리 놀라운 통찰을 지닌 경제학자도 발로 뛰는 현장에서 숨 쉬어 보지 않는 한, 그에 대해 다 안다고 말할 수는 없는 것이다. 그것은 네트워크마케팅이라는 현장 중심의 사업에서는 더더욱 중요한 문제다. 이론을 분석하고 연구하는 것도 중요하지만 현장에서 직접 발로 뛰고 경험하는 것은 더 중요하다. 만나고 설명하고 후원하며 함께 성공으로 이끄는 사람의 세세한 경험들은 이론적 논리와는 다른 세계이다.

더 큰 문제는 이들이 쉽게 하는 말들이 하나같이 '고소득과 높은 이윤'에 초점이 맞춰져 있다는 점이다. 여기서 네트워크마케팅 시스템의 본질은 무시되고, 말 그대로 '더 많은 돈을 투자하면 더 많은 이익을 얻는다'만 강조하는 경우로 발전한다. 그리고 사람들은 이것을 철석같이 믿고 결국은 뒤돌아서며 안타까운 한숨을 짓는다.

이 같은 무책임한 말들을 믿지 않기 위해서는 결정적으로 자신을 믿으려는 노력이 필요하고, 무엇이든 '왜 그런가' 하는 이유를 따져 묻는 합리적인 사고가 필요할 것이다. 현재 이 세상을 움직이는 가장 큰 힘은 정확한 정보의 추구이고, 이론은 현실을 완벽하게 반영할 수 없는 만큼, 경제 전문가들 또한 이 복잡한 사회경제 현실을 모두 이론적으로 설명하는 것은 불가능하다는 점을 이해해야 할 것이다.

행동하는 자에게 성공이 온다

1. 서두르지 말라. 성공에는 과정이 필요하다. 모든 사업, 경력 그리고 삶은 일반적으로 유아기, 청년기, 성인기 이 세 단계를 거치며 성장하고 진화한다.

① **유아기** - 끊임없는 보살핌이 필요한 시기이다. 과거의 생각과 방식으로부터 벗어나려는 노력이 필요하다. 늦어진다고 초조해 하지 말고, 철저한 배움의 자세가 중요하다. 로마에 가면 로마법을 따라야 한다.

② **청년기** - 성급하게 너무 많은 것을 얻으려고 하지 말라. 꾸준하게 소비자를 구축하라.

③ **성인기** - 계속해서 꿈에 집중하고 인내와 끈기를 발휘한다면 당신과 다른 많은 사람들을 풍족하게 할 수 있을 것이다. 그때 비로소 꿈을 향한 열정과 끈기의 강력한 결합이 빚어낸 보상을 받을 수 있다.

2. 성공을 지속시키려면 자기계발에 힘써라.

3. 성공을 설계하는 데는 마음의 설계가 필요하다. 내가 이루고자 하는 꿈에 집중하고 성취할 수 있다고 확신하라.

4. 열정을 잃지 않아야 한다. 일은 머리가 아닌 가슴으로 해내는 것이다. 자신의 열정을 채울 수 있는 기회를 자주, 정기적으로 만들어야 한다.

제6장

불법**다단계 사업**과
네트워크 비즈니스의 세계

1

조작된 시스템과 감춰진 진실

네트워크사업을 하면서 "아무리 해도 돈을 벌 수 없는 사업이야. 나는 1년을 했는데 손해만 잔뜩 보았어."라고 말하는 사람들을 가끔씩 보게 된다. 그러나 네트워크 사업은 결코 일확천금을 보장해 주지 않는다. 예를 들어 시작한 지 얼마 되지도 않았는데 갑자기 떼돈을 번다거나 느닷없이 월수입이 1천 만 원대로 훌쩍 뛰어넘는 일은 결코 일어나지 않는다. 이것은 하나의 망상일 뿐 네트워크 사업의 본질상 결코 있을 수 없는 일이다.

이런 면에서 네트워크마케팅은 끊임없는 교육을 통해 배워나가고 노력하는 기나긴 과정으로 보는 것이 옳다. 불만을 표시하는 이들은 대개 네트워크마케팅의 시스템 자체를 이해하지 못해 사업의 본질을 폄하하는 경우가 많고, 그로 인해 네트워크 사업에 대한 부정적 생각을 갖게되는데, 사실 그것은 시스템의 실패가 아닌 한 개인의 이해와 노력의 실패라고 하는 쪽이 옳을 것이다.

그런가 하면 성공을 위한 욕망 때문에 많은 사업자들의 노력이 왜곡되는 일도 많다. 그룹을 늘려서 더 많은 다운라인을 만들거나 수익을 올리겠다는 욕심 때문에 다운라인의 판단 능력을 흐리게 만드는 것이다.

예를 들어 수백 만 원 어치의 제품을 사서 집에 쌓아 놓도록 강요하면서 '업라인이 시키는 대로 복제해야 한다' 라고 말하는 이들이 있는데, 이는 분명 올바른 리더십이 아닐뿐더러 네트워크마케팅의 본질 자체를 흐리는 일이기도 하다.

시스템이 구축된 곳에서는 하위 사업자들은 대개 리더의 제안에 따라서 움직이게 될 수 밖에 없다. 그런데 이때 리더들이 "사업은 원래 3천만 원에서 1억 정도 초기 자금이 들지 않는가, 이 사업을 하겠다고 일단 마음먹었다면 기본적으로 1백만 정도는 제품 값으로 먼저 써라"고 강요한다면 어떨까? 이렇게 되면 하위 사업자들도 리더의 지침을 따라서 초기세팅 비용으로 직게는 1백만 원에서 많게는 5백만 원까지 지출을 할 수도 있다. 그러다가 이 제품을 팔지 못하고 조급한 마음에 실수를 거듭하다 보면 사업을 떠나고 결과적으로 네트워크마케팅에 대해 좋지 않은 기억만 잔뜩 안고 나와 독설을 퍼붓게 될 가능성이 높다.

물론 네트워크마케팅의 시스템에서 '업라인의 복제' 는 필수불가결한 과정이며 성공 가능성을 높여주는 첫 번째 지침이다. 문제는 이 같은 복제의 의미를 잘못 알고 있거나 잘못 전달하는 사람들이 적지 않다는 것이다.

성공한 네트워크 사업자들은 "네트워크 마케팅에서 가장 중요한 것은 '복제(複製:duplication)' 라고 말하는데, 이는 결코 무분별한 사업자 모집이나 제품 판매가 아닌 성공한 사람의 노하우와 경험을 일반화시킨 시스템을 적용하도록 체계화한 것을 말한다.

문제는 이 좋은 시스템도 자체적으로 변질되거나 진정한 '복제' 의 의미를 이해하지 못한 상태에서 무리한 행동을 촉발시킬 경우, 결과적으로 좋지 않은 영향을 미치게 된다는 점이다. 따라서 네트워크마케팅을 시작할 때는 열심히 하는 것도 중요하지만, 각각의 개념을 정확히 파악하고 여기에 따른 올바른 행동지침을 아는 것이 중요하다.

또한 무리한 이윤 추구 등으로 좋은 시스템의 본질을 흐리는 안타까운 일이 일어나지 않도록 지속적인 자기계발이 필요할 것이다.

| 네트워크마케팅 시스템의 특징 |

흔히 네트워크 비즈니스 사업을 시스템 사업이라고 부른다. 실제로 네트워크 마케팅에서 시스템은 아무리 중요성을 강조해도 지나치지 않다. 그럼 지금부터 새로운 21세기의 시스템이라 불리는 네트워크 비즈니스의 특 장점은 무엇인지 살펴보자.

- 쉽게 따라할 수 있어야 한다

사업이란 많은 사람에게 기회가 제공되어야만 그 사업영역도 넓어진다. 즉 이것은 누구에게나 성공의 기회가 주어질 수 있다는 뜻이기도 하다. 만일 학력이나 성별, 나이, 경제적 능력의 조건에 따라 제한이 있다면, 네트워크 비즈니스는 지금같은 높은 성장률을 이룰 수 없었을 것이다. 이 사업은 꿈을 이루고자 하는 마음만 있다면 누구나 도전해볼 수 있는 사업으로 많은 이들을 통해 검증된 사업이기도 하다.

- 노력이 축적되고 복제되어야 한다

직장이나 자영업은 한 번의 노력이 한 번의 결과만을 가져온다. 그러나 시스템에서는 한 번의 노력이 복제되어 훨씬 큰 결과를 만들어낸다. 또한 이달의 노력이 다음 달로 지속적으로 이어지고 축적된다. 즉 사업체가 처음 1명에서 10명, 100명, 천 명, 1만 명, 10만 명으로 커지며, 또 이렇게 복제된 사업은 시스템 속에서 자율적으로 움직이며 이익을 낸다. 즉 2~5년의 노력이 옛날식 사업의 20~50년의 결과를 가져다줄 수도 있다.

- 정보와 지식, 꿈을 공유해야 한다

많은 이들이 시스템을 통해서 정보와 지식을 교류한다. 또 서로의 꿈과 시스템을 통해 다시 키우고 함께 발전시켜 나간다.

- 고정관념과 거절을 함께 극복해야 한다

새로운 개념은 반드시 고정관념과 충돌을 일으킨다. 만일 나 혼자라면 그 고정관념을 극복하기가 쉽지 않다. 하지만 시스템은 여럿이 함께 장애물을 극복하게 해준다.

2

쏟아지는 비난

미국에서 시작된 네트워크마케팅이 국내에 도입되는 과정은 그야말로 험난했다.

이른바 불법 피라미드라고 불리는 변질된 사업방식이 천문학적인 금액, 수십만 명에 이르는 피해자를 양산하면서 네트워크마케팅을 신뢰할 수 없는 사업 모델로 만들어버린 것이다.

그런가 하면 외국에서 들어온 다단계 판매 회사 수도 나날이 늘어가는 상황에서 수많은 불법 회사 대표자들이 구속되었음에도 수많은 사람들이 다시 불법 다단계에 가입하고 빠져들고 있다. 그리고 이 같은 악순환이 또 다른 불신과 피해를 양산하고 있다.

심지어 사기를 당한 사람이 자신의 피해를 보상받기 위해 또 다른 사람에게 피해를 주는 사태까지 발생하고 있다. 일부 사람들이 피해를 당하는 과정에서 그 불법 원리를 익혀 새로이 사업을 주도함으로써 또 다른 피해자를 양산하는 것이다.

한동안 불었던 벤처 열풍이 사그라 들고 벤처에 투자했던 소시민 투자자들이 몰락한 지 이제 10년 남짓이 지났다. 그리고 주식 바람이 불면서 주식 대박을 꿈꾸며 야심만만하게 달려들었다가 깡통계좌를 찬 사람이 한둘이 아니다.

또한 이른바 불패 신화라고 불리던 부동산조차 여러 외부적 상황과 내부적 모순으로 인해 더 이상 비전을 찾아볼 수 없는 재테크 분야가 되어 버렸다. 이 같은 상황에서 갈 곳 없는 돈이 몰려들면서 일확천금의 꿈을 자극시켜 막대한 피해 금액을 양산하는 불법 피라미드가 더욱 극성을 부리는 것도 무리가 아니다.

최근 들어 언론에 소개되고 있는 불법 피라미드의 사기 금액 및 규모는 상상을 초월한다. 제이유 네트워크 사건의 경우 피해 금액이 몇 조 원에 다다랐다. 이렇게 큰 사기를 쳐도 제대로 해결되지 않으니, 작은 사기들은 그러려니 넘겨야 하는 수준이 되었다.

즉 규모와 피해가 커지면서 이제 네트워크마케팅은 '사기의 종합상사'를 의미하는 집단이 되었다. 그러면서 성실하고 열심히 자기 삶을 꾸려가는 사업자들까지 비난의 대상이 되고 있다.

네트워크마케팅은 결국은 사람으로 이루어지는 사업이다. 사람과 사람의 관계에서 기초를 이루는 것은 신뢰이다. 믿을 수 있다는 것은 정말 좋은 것이며 안정감을 제공한다. 믿을 수 있는 제품, 믿을 수 있는 사람, 믿을 수 있는 회사 등이 차근차근 성장하며 참여한 사람들이 경제적 혜택을 누릴 수 있을 때 네트워크 마케팅의 꽃도 활짝 필 것이다.

이같은 네트워크 사업의 발전을 통해 우리의 '사회 자본'을 건강하게 성장시키는 중요한 역할을 담당하게 될 것이다. 네트워크 마케팅의 개념에서 일확천금, 사람 장사, 불로소득, 고가의 저질 제품, 금전적 배팅 등의 용어들이 모두 사라지기를 기대한다.

▶ 꼭 확인하고 사업(가입)하기

한국직접판매협회 www.kdsa.or.kr ㅣ 02-508-5114
한국특수판매공제조합 www.mlmunion.or.kr ㅣ 02-2058-0831~9
직접판매공제조합 www.macco.or.kr ㅣ 02-566-1202

3

네트워크 비즈니스의 탄생 배경

21세기 새로운 유통 형태로 각광받고 있는 네트워크마케팅의 유래는 1945년으로 거슬러 올라간다. '뉴트리라이트' 라는 미국의 한 건강기능식품 제조회사가 이 사업 형태를 처음으로 사용했는데, 이 시스템을 처음 고안한 사람은 리 마이팅거라는 세일즈맨, 윌리엄켓 셸버리라는 심리학자라고 한다.

이 두 사람이 네트워크마케팅 시스템을 계발하게 된 것은 세일즈맨들의 심리를 통해서였다. 세일즈맨들은 물건을 판매할 때마다 그 물건의 판매 이익을 가져간다. 그런데 이때 자신이 모집한 하위 세일즈맨들의 매출에서도 금전적인 보상을 받게 되면 더욱 큰 능력을 발휘하게 된다는 것을 알게 되었고, 이를 통해 마이팅거와 셸버리는 광고비 대신 구전과 소개를 통해 판매하는 편이 비용을 크게 줄일 수 있음을 깨달았다.

이후 이러한 이론을 바탕으로 뉴트리라이트 회사가 설립되고, 여기서 사업자로 일하던 리치 디보스와 제이 밴앤델이 뉴트리라이트에서 나와 1959년 밴 앤델의 작은 지하 창고에서 자신들의 네트워크마케팅 회사를 설립했는데 그것이 바로 암웨이다. 이 암웨이 설립은 이후 본격적인 네트워크마케팅의 시초가 되었다.

이처럼 네트워크마케팅은 미국을 시발점으로 50여 년 전부터 새로운 마케팅 기법으로 자리 잡아왔으며, 이제는 새로운 유통방식으로 전 세계로 파급된 상황이다.

이 네트워크 사업은 대부분 생활 소비재로 시작해 상부상조 시스템을 기본으로 출발하며, 물건 하나를 팔고 사더라도 서로의 얼굴을 마주보고 모든 참여자들이 공유하는 시스템으로 이루어진다.

그렇다면 이 네트워크마케팅이 우리나라에 도입된 시기와 배경은 무엇일까?

네트워크마케팅이 처음 한국에 발을 디딘 것은 70년대 후반 외국 여행객들이 다단계 판매와 유사한 형태로 판매를 하면서부터였다. 당시만 해도 한국은 유통시장을 개방하지 않았으므로 국내의 네트워크 마케팅은 미국계 피라미드 식을 모방한 형태로 시도되던 시기였다.

그러다가 1983년 SEC라는 회사가 들어오면서 본격적인 네트워크마케팅이 도입되었고, 이 회사를 이끌던 7명의 임직원들이 일본, 프랑스에서 교육을 받은 뒤 칠성(7명으로 구성)이라는 상호로 사업자 등록을 하고 사업을 시작했다. 그러나 본격적으로 한국 네트워크마케팅 사업의 줄기가 성장한 것은 세계적인 미국 기업들이 한국 시장에 상륙하면서 부터였다.

▶ 세계 네트워크 사업자 현황

순 위	국 가	기준연도(연말 기준)	사업자(명)
1	미국	2006	15,200,000
2	대만	2005	4,037,000
3	한국	2006	3,124,036
4	일본	2006	2,700,000
5	멕시코	2006	1,900,000
6	브라질	2006	1,600,000
7	독일	2006	713,537
8	영국	2005	575,500
9	이탈리아	2006	310,000
10	프랑스	2006	202,000
합 계			**30,362,073**

출처:한국네트워크마케팅협회

　1990년에는 먼저 한국에 상륙한 썬라이더와 포에버리빙 등과 함께 여러 외국계 네트워크 마케팅 사들이 국내에 진출했고, 이 중에 암웨이도 있었다. 이들의 첫 한국 시장 진출은 그야말로 열풍을 불러왔다. 암웨이의 경우 영업을 개시한 지 고작 이틀 만에 비즈니스 키트 3만 개가 판매되었는데, 이는 다단계에 대한 한국 시장의 관심이 굉장히 높은 수준에 달해 있었다는 것을 보여 준다. 그 이후 여러 다단계 사업들이 한국 사회 네트워크 비즈니스의 일부를 담당하면서 꾸준히 관심이 증가해 왔지만, 계속되는 불법 행위 등으로 인해 그에 대한 인식은 처참한 수준이 되었다.

그러다가 1991년 당시 상공자원부 유통산업과는 방문판매 등에 관한 법률에 다단계 판매에 대한 규제를 포함하여 다단계 판매법을 개정 공포하였고, 1992년 7월 개정 방문판매에 관한 법률이 시행되면서 다단계 판매는 합법화의 길을 걷게 되었다.

그리고 현재 네트워크마케팅은 여러 연구와 관심 속에서 많은 유수의 기업들에게 마케팅 방식의 일환으로 적용되면서 21세기를 이끌어갈 새로운 유통 방식으로 전개되고 있다.

이 네트워크마케팅이 21세기의 새로운 유통 방식으로 자리 잡게 된 것에는 여러 배경이 있겠지만 그 중에 가장 큰 것은 바로 디지털과 네트워크 사회의 도래다. 수직구도에서 수평구조로의 전환을 의미하는 네트워크는 시민사회의 비전과 맞물려 있다. 동시에 홈쇼핑과 통신의 발달, 전자결제, 택배 시스템의 정착 등이 발전의 환경을 만들면서 비약적인 성장을 이루게 된 것이다. 즉 네트워크마케팅은 독자적으로 성장하는 것이 아닌 사회배경과 함께 태동·성장할 수 밖에 없는 시대적 흐름에 적합한 사업이라고 볼 수 있다.

▎기업들이 네트워크마케팅 시스템을 적용하는 이유는 ▎

1. 마케팅 비용에 대한 부담이 최소화된다.

: 기업의 제품 출시 비용 중 가장 큰 부분을 차지하는 것은 바로 광고다. 많은 기업들이 상품이 시장에서 성공하든 실패하든 무조건적으로 광고비를 지출한다. 그러나 네트워크마케팅에서는 이런 광고가 필요없다. 상품의 정보가 소비자이자 유통사업자를 통해 전달되고, 상품이 팔리기 않으면 이들에게 비용을 지급할 필요가 없기 때문이다.

2. 재고 부담이 매우 낮다.

: 네트워크마케팅은 먼저 결제를 하고 상품이 택배를 통해 배달된다. 이렇게 되면 기업 입장에서는 상품을 준비하는데 충분한 시간을 갖게 되어 충분한 시간적 여유를 갖고 생산을 해서 재고를 줄일 수 있다.

3. 기업의 판매 수익이 증가한다.

: 네트워크마케팅은 소비자 직접 유통방식으로 중간 단계의 비용이 들어가지 않는다. 결과적으로 중간상이나 광고, 프로모션에 들어가던 비용으로 이익 분배를 해도 기업은 더 많은 이윤을 창출할 수 있게 된다.

4. 충성고객을 구축하게 된다.

: 네트워크마케팅 고객들은 단순 소비자가 아니라 애용하는 상품을 다른 사람들에게까지 전달하는 가장 충성도 높은 고객이다. 이런 면에서 네트워크마케팅은 장기적 고객 유지에 가장 효과적인 판매 방식이다. 네트워크마케팅이 21세기 최첨단 마케팅 방법으로 각광 받고 있는 것도 이 때문이다.

5. 기업에 안정적인 현금 흐름을 가져다준다.

: 네트워크 마케팅은 현금을 선금으로 받는 비즈니스인 만큼 네트워크마케팅을 이용하면 다른 어떤 기업보다도 탁월한 현금 흐름을 갖게 된다.

7. 사이버 공간을 활용할 수 있다.

: 네트워크 마케팅은 오프라인에서도 이루어지지만 온라인에서도 충성 고객을 만들 수 있다. 회사가 사업자들을 통해 물리적 상품 이상의 고급 정보를 유통 시키는 것이다. 사업 기회에 대한 정보, 보상플랜에 관한 정보가 유통되면 더 많은 사업자들을 모집할 수 있다.

8. 고객과 회사가 윈윈 (win-win)한다.

: 소비자 입장에서 좋은 품질의 상품은 심리적 만족감을 안겨준다. 게다가 거기에서 이득까지 얻을 수 있다면 금상첨화다. 또한 회사를 통해 자세한 소비와 사업 정보를 얻을 수 있고 회사는 보다 품질 높은 상품을 개발하고 공급하는 데만 최선을 다 하게 된다. 즉 소비자, 기업, 서비스 제공자들 모두 윈, 윈, 윈 (win-win-win)할 수 있는 구도를 만들 수 있다.

디지털 경제시대의 마케팅 보고서

1

디지털 대중 바로보기

현대 경영학의 석학인 피터 드러커는 2000년대 이후 모든 산업들이 생산 관점에서 마케팅 관점으로 변해야 한다고 주장하면서, 다음과같이 고객의 중요성을 언급한바 있다.

"고객은 사업의 기초이며 존재의 이유이다. 고객만이 고용을 창출한다. 사회가 부를 낳는 자원을 기업에 위임한 것은 고객에게 그것을 공급하기 위해서다. 기업의 목표는 고객을 창출하는 데 있으므로 모든 기업은 오직 두 가지 기능, 즉 마케팅과 혁신에만 전념하면 된다.

마케팅은 제품을 두드러지게 만드는 특이한 사업 기능이다. 모든 사업을 최종 결과의 관점에서, 즉 고객의 관점에서 보는 것을 말한다. 따라서 마케팅에 관한 관심과 소명이 모든 사업 분야에 확산되어야 한다."

새로운 네트워크 경제에서는 더 이상 물건만 사고파는 것이 아니다. 아이디어와 이미지가 상품 자체만큼이나 중요한 것이 되었기 때문이다.

예를 들어 산업시대에는 물건을 교환하고 사들이는 것이 소비였다면, 21세기 네트워크 경제에서는 물건 안에 담겨 있는 이야기와 개념 역시 하나의 상품으로서 팔려나간다. 미래로 갈수록 유형 재산보다는 특허, 저작권 같은 무형재산의 중요성이 점점 커질 것이라는 전망이 나오는 것도 이 때문이다. 게다가 앞으로는 오프라인 매장 외에도 다양한 네트워크 공간에서 다양한 물건이 팔려나가게 되는데, 이런 상황에서 기업의 성공이란 단순한 매출이 아닌 고객들과 얼마나 장기적인 유대관계를 맺고 그들을 얼마나 가까이 둘 수 있는가에서 시작된다고 볼 수 있다.

아날로그 환경과 디지털 환경에서 소비자의 역할

구 분	아날로그 환경	디지털 환경
정보의 흐름	기업→소비자	기업↔소비자↔소비자
커뮤니케이션의 주도권	기업	소비자
정보의 생산과 소비	분리	일치
소비자의 정보 보유 및 처리량	낮다	높다
소비자의 정보선택권	낮다	높다
정보 생산에서 소비자의 참여도	낮다	높다

〈출처 : 커스터머 인사이드 / 삼성경제연구소〉

실제로 디지털 대중은 일반 대중과는 다르다. 그들은 더 다양한 체험과 경험 속에서 물건들을 소비하고, 그 안에서 심리적 안정을 얻는다. 또한 고된 노동에 길들여졌던 지난 산업 시대와는 달리 문화 주체로서 즐기고 체험하는 것을 중요시 여기게 되었다.

이 같은 상황에서 디지털 대중과 통로가 될 수 있는 채널은 단연 사이버스페이스다. 이곳은 기업과 고객의 중요한 연결 통로로서 상거래의 핵심이 되고, 국경선과 지리적 장벽까지도 훌쩍 뛰어 넘는다.

실제로 우리는 영어 원서 책을 사기 위해 미국 사이트인 '아마존'에 들르기도 하고, 유통업체를 거치지 않고 직배송을 받는다. 또한 이들 사이트들 또한 국적 없는 디지털 대중을 사로잡기 위해 많은 노력을 기울이고 있다.

여기서 나이키의 사례를 보자. 나이키의 운동화는 운동화 자체의 품질도 높지만 무엇보다 정교한 마케팅 기법과 유통망을 갖춘 다목적 연구실이라고 해도 과언이 아니다. 이들은 때에 맞춘 스타 마케팅과 수없는 혁신적인 방법 등으로 세계 대중의 눈과 귀를 사로잡았고, 나날이 변화를 거듭하고 있다. 즉 네트워크 경제에서는 공장이나 품질 높은 원료보다 아이디어와 재능이 중요하며, 이런 면에서 볼 때 앞으로는 부동산·화학·철강처럼 물리적인 고정 자산만 가진 기업은 승승장구하기 어려워질 것이 분명하다. 심지어 유명한 소프트웨어 회사인 마이크로소프트는 그들 스스로 자신들의 자산을 '직원들의 상상력'이라고 평가할 정도다.

이제 높은 품질, 기민성, 순발력이면 모든 게 다 되던 산업시대는 끝났다. 상품 그 자체가 아닌 그 상품에 부여된 가치가 있어야만 디지털 대중이라는 거대한 집단을 사로잡을 수 있고, 고객과 장기적인 관계를 맺을 수 있을 때만이 그런 가치도 창출될 수 있을 것이다. 이는 앞으로는 생산 중심보다는 마케팅 중심의 산업이, 판매 중심에서 관계 구축 중심의 사업이 살아남을 것이라는 점을 시사한다.

즉 앞으로 한 종류의 제품을 최대한 많은 고객에게 팔려고 애쓰는 대신, 장기적으로 만든 관계 안에서 훌륭한 네트워크 소비자를 만들어가는 것이 사업을 성공시킬 수 있는 지름길이 될 것이다.

2

미래의 소비자, 블루슈머

블루슈머란 블루오션(blue ocean)과 컨슈머(consumer)의 합성어로 경쟁자가 없는 시장의 새로운 소비자 그룹을 말한다. 이 블루슈머들은 각각의 독특한 생활 방식과 사고방식을 고수하는 차별화된 소비 계층으로 급부상한 이들을 뜻한다. 이 블루슈머들은 상글족, 아침사양족 등 제각각 특수한 환경에 맞게 요구 조건도 다양하며, 기업들도 이들의 요구를 타겟으로 세분화된 상품을 제공한다.

대부분의 사람들은 사회현상들이 나와 별 관계없이 일어나는 일이라고 생각한다. 그러나 돌이켜 보면 사회 현상이란 바로 내 일상을 지배하고 있는 보이지 않는 손이며, 나 역시 그 안에서 움직이는 일원일 수밖에 없다. 예를 들어 인터넷, 무선전화, DMB, 영상전화와 같은 정보통신 기술은 우리 생활까지도 다양한 방식으로 변화시켜 왔다.

그리고 블루슈머는 이 같은 시대의 변화에 따라 자신의 영역을 넓히면서도, 그 안에서 또다시 새로운 소비 형태를 만들어가는 사람들이다. 즉 이들 역시 사회적 일원이지만, 동시에 각자의 다양한 변칙을 가진 한 개인이 된 것이다.

그리고 이 같은 시장 소비자의 변화는 앞으로 기업들에게 다양한 고객들에 맞는 다양한 대처 방식을 마련해야 한다는 숙제를 안겨 주었다. 옛날식의 변화 없는 원칙주의로는 다양하고도 개성적인 고객들을 절대 쫓아갈 수 없다는 뜻이다.

앞으로는 소비자들에 의해 선택된 기업만이 미래의 소비행동을 만들어낼 수 있다. 미래의 소비 행동과 트렌드 역시 소비자에 의해 이루어진다. 즉 미래는 기술이나 마케팅 원칙 등도 중요하겠지만, 그것을 선택하는 소비자 집단이 누구인가에 좌우될 수 있다.

실제로 초기에 각광을 받았던 혁신적인 마케팅 등이 아무 이유 없이 조용히 사라지는 경우도 적지 않았다. 즉 아무리 혁신적인 이론이나 기술도 그것이 대중화되지 않는다면, 그것은 그 자체로 유명무실한 것으로 그칠 뿐이다.

그것은 네트워크마케팅도 마찬가지일 것이다. 지금껏 네트워크마케팅은 다양한 소비자 네트워크를 통해 많은 성과를 거두었고 차츰 차츰 자신의 궤도를 찾아왔다.

그러나 모든 이론이나 사업에는 '보장된 안정'이란 없다. 즉 완성된 이론이라는 것은 어디까지나 환상에 불과할 뿐, 그것은 환경과 변화 속에서 얼마든지 변하고 수정될 수 있는 것이다.

프로슈머와 블루슈머의 비교

분 류	프로슈머	블루슈머
선택, 동기	소비, 보상	자기보상, 성공기회 부여
소비범위	소비자 중심	소비 매니아 그룹 형성
활동형태	간접참여	직접참여
기업과의 관계	수동적, 의견제시	상생 경쟁자 관계

즉 마케팅은 하나의 경영 혹은 관리 과정에서 일관성이 있어야 하며 일정한 계획에 의해 진행되어야 하고 변화에 빨리 대응해야 한다. 또한 가치의 교환을 성립시키는 데 중점을 두어야 한다. 그러기 위해서는 분명한 시장 목표를 정해 놓아야 한다. 즉 어떤 소비자를 선택할 것인지 먼저 결정해야 한다는 것이다.

예컨대 소모성 제품을 통해 소비자 구축을 하겠다면 생활필수품의 종류와 품질, 기존 제품과의 가격 경쟁력, 시장에서의 비교 우위를 놓고 마케팅 전략을 짜야 한다. 또한 소비자가 진정 원하는 것은 무엇인지, 개선

점은 없는지 끊임없이 연구해야 한다.

이런 측면에서 21세기의 네트워크마케팅은 자신의 대상이자 일부가 된 소비자를 분석하고 그들의 행동양식과 사고방식 등을 이해하는 것을 매우 중요한 과정으로 여겨야 한다.

소비자가 없으면 기업도 없고, 더 나아가 그것을 유통하는 사업자도 없다. 한때 무분별한 불법 피라미드가 난무하고 거기에 빠져드는 사람들이 많았던 것 또한 이 같은 소비자의 변칙성을 이해하지 못하고, 무작정 수익만을 거두려는 사업자의 이기심도 한 몫 했다고 볼 수 있다.

그러나 네트워크마케팅은 소비자이자 사업자의 입장에서 이윤을 얻는 사업인 만큼, 사업자 그 자신이 소비자로서 행동하고, 소비자로서 사업자의 입장을 이해하는 일이 선행되어야 한다.

3

소비가 곧 비즈니스다

현대사회를 살아가는 사람은 누구나 소비 생활에서 벗어날 수 없다. 지금 당장 주변에 널려 있는 내 소유물들을 둘러보자. 너무도 당연하게 여겨지겠지만, 이 모두는 어딘가에서 돈을 주고 구입한 것이다. 내 손으로 직접 만들어낸 것은 아무것도 없다.

여기서 우리는 과연 어떤 소비 행동을 보이고 있는지 다음과 같은 질문을 던져 보자.

나는 백화점이나 상점 등을 이용할 때 특정 점포만을 이용하는가? 아니면 쇼핑할 때마다 상점이나 점포를 바꾸는가? 인터넷 쇼핑몰이나 홈쇼핑은 자주 이용하는가? 식당이나 병원이나 미용실도 단골로 이용하는 곳이 있는가? 만일 있다면 왜 그런가?

그곳의 품질이나 성능은 다른 곳보다 뛰어난가? 아니면 가격이 싼가? 집이나 직장에서 가깝고 이용하기 편리하기 때문인가?

이 모두에 대한 답을 하나하나 생각하다 보면, 적어도 내가 어떤 소비성향을 가지고 어떻게 행동하는지를 알게 될 것이다.

그리고 이 같은 내 소비 성향에서 가장 직접적인 영향을 미치는 요인을 꼽아보자면 '로열티' 라는 것을 들 수 있다. 우리는 누구나 로열티를 가지고 있는 물품이나 상점을 이용한다. 이를테면 포인트 카드나 멤버십 카드 등도 바로 이런 로열티를 활용한 것이다. 다음은 일반 소비자들이 로열티를 갖게 되는 이유들이다.

- 품질, 디자인 등 상품의 품질이 뛰어나서
- 가격이 싸서
- 포인트, 마일리지 같은 로열티 프로그램이 있어서
- 이용하기 편리해서
- 예전부터 습관적으로 이용해 와서
- 독과점적이라 선택의 여지가 없어서
- 특정 회사와 개인적 관계 때문에
- 특정 브랜드나 특정인이 마음에 들어서

보면 알겠지만 이 같은 로열티는 상품 하나에만 해당되는 것이 아님을 알 수 있다. 이를테면 이용과 관련한 서비스, 개인적 취향과 관계, 혜택 등 많은 부분들이 모두 모여 로열티를 구성한다. 네트워크마케팅은 바로 이 같은 로열티를 소비자 자신에게 부가시키는 사업이다. 물건을 직접 써보고 타인에게 권하면서 그 사람이 또다시 나를 찾게 만드는 일, 즉 업체들이 하는 일을 한 개인인 소비자로서 하게 되는 것이다.

그러나 이 모든 로열티 중에서도 네트워크마케팅의 가장 큰 로열티는 바로 '소비가 곧 비즈니스'라는 점일 것이다. 우리가 매일 같이 쓰는 일상 소비재를 특정 회사의 제품으로 쓰고, 그것을 누군가에게 권하면서 나에게도 이득이 생긴다. 즉 소비 그 자체가 제 2의 경제활동이 되는 셈이다. 돈을 버는 것만큼 중요한 것이 돈을 쓰는 방법이 된 요즘 같은 상황에서 네트워크마케팅은 생활 소비를 통해 또 다른 이윤을 얻는 소비자 마케팅의 선봉을 달려 왔다.

이제 우리도 우리의 소비활동을 다시 한 번 점검해보고, 어떤 방식으로 이윤이 되는 소비 체계를 구축할 것인지 구체적인 고민을 해야 할 필요가 있다. 동시에 그것을 네트워크마케팅의 시스템 안에서 어떻게 풀어갈 것인지 또한 함께 고민해야 할 것이다.

그렇다면 지금부터 다음의 질문을 던져보자.

만일 어떤 단골집에 발길을 끊었다면 왜 그랬는가? 그 이유를 명확히 알고 있는가? 왜 어떤 사람은 내 물건을 사고 나서도 다시 재구매를 하며 지속적으로 관계를 맺는가? 그리고 왜 성공한 사람들은 많은 고객들을 훌륭하게 관리할 수 있는 것일까? 그 이유를 명확히 알고 있는가?

당신의 고객 한사람, 한 사람 별로 그 사람이 내 물건을 찾는 이유를 잘 알고 있는가? 과연 나의 로열티는 무엇인가?

| 성공한 리더가 되기 위한 5가지 원칙 |

1. 용기

리더는 어떤 어려움이 있어도 헤쳐 나갈 수 있다는 용기를 통해 성장한다. 리더가 주눅이 들면 따르는 사람들도 맥이 빠진다. 어려움 속에서도 용기를 잃지 않는 리더가 되어라.

2. 상황 이해력

남들보다 앞서 일하는 리더는 조직의 문제에 민감하게 반응하고 적절한 조처를 취할 줄 알아야 한다. 그러기 위해서는 조직이나 개개인들의 상황을 잘 알아아 한다.

3. 협력과 격려

리더는 분산된 조직원들을 효율적으로 협력할 수 있도록 돕는 매개체가 되어야 한다. 항상 사람들을 독려하고 함께 모이는 자리를 만들어라.

4. 계획성

리더는 배로 치면 선장이다. 배가 어디로 나아가야 암초를 피할 수 있을지, 어떤 속도로 나아가야 무리가 없을지 항로를 결정해야 한다. 정확한 방향을 잡고 목표를 향해 매진하려면 철저한 계획이 필요하다.

5. 봉사의 자세

리더는 권위로 유지되는 것이 아니라 봉사로 유지된다. 조직에서 어려운 일을 떠맡고 남이 인정해주지 않더라도 솔선수범해야 한다. 사람들을 배려하고 항상 봉사하는 마음을 가져라.

4

통신 혁명이 비즈니스를 바꾼다

현재 우리가 살고 있는 세상을 유비쿼터스 세상이라고 부른다.

유비쿼터스란 '언제 어디서나'라는 뜻을 가진 용어로 농업혁명, 산업 혁명, 정보혁명에 이어지는 제4의 디지털 네트워크 혁명이라고도 칭한다. 과학기술의 발전이라는 놀라운 혜택 중에 IT(Information Technology : 정 보기술) 부분의 급속한 발전이 우리의 생활을 근본적으로 바꿔 놓았다.

과거 IT 혁명의 중심축은 단연 컴퓨터였다. 그러나 이제는 그 자리를 인터넷과 휴대 전화가 차지했다. 예를 들어 지난 10년간 세계 PC 관련 수 요는 세계 반도체 시장의 28%를 차지했지만, 2008년부터는 모바일 28%, PC 26%로 이용이 역전되었다. 또한 3세대폰이 보편화되는 2008년말부터는 모바일이 전체 반도체 시장의 35%를 차지하고 PC 부문은 20% 초반대로 떨어지게 되었다.

21세기 이동통신 산업의 성장구도 ❶

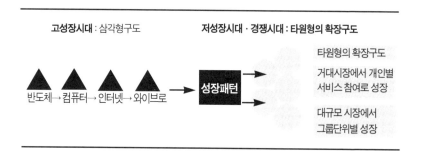

21세기 이동통신 산업의 성장구도 ❷

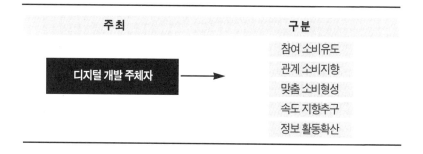

휴대 전화는 이제 언제 어디서나 필요한 우리의 필수품이 되었고, 거기에다 초고속 인터넷 접속망이 상용화되고 3차원 입체 영상과 VOD 기술이 결합된 새로운 통신 형태가 각광을 받으면서 유비쿼터스는 한층 우리

생활과 가까워졌다.

예를 들어 집에서도 근무를 하거나 수업을 들을 수 있을 뿐 아니라 심지어 백화점이나 할인점도 직접 가지 않고 쇼핑을 즐길 수 있다. 또한 주방의 모니터를 통해 요리법을 배울 수도 있다.

그리고 이제 약 20년 전만 해도 예상치 못했던 디지털 모바일 기기의 활약이 앞으로 한층 더 활발해질 전망이다.

디지털 카메라, MP3, 게임 등 다양한 엔터테인먼트 기능이 탑재된 핸드폰은 물론 유비쿼터스 시대가 불러온 홈 네트워크가 우리의 생활과 소비형식에도 큰 영향을 미치는 2차 IT 붐을 열어가게 된다는 것이다.

그리고 이런 통신의 발달은 네트워크마케팅과도 지속적인 관계를 가져왔다. 아마 여러분도 한번쯤 엑셀이라는 미국 통신회사의 이름을 들어봤을 것이다. 이 엑셀은 통신이 황금알을 낳는 사업으로 부상할 무렵 네트워크 마케팅과의 접목으로 돌파구를 마련한 가장 유명한 기업이다.

1988년 텍사스 석유 사업가인 케니 A 트롯은 별정통신회사로서 통신 재판매 회사를 설립했다. 그러나 수많은 별정통신회사들과의 경쟁에서 살아남기가 어려워 악전고투 중이었다.

그러던 어느 날 이 회사에 스티븐 스미스라는 네트워크 전문가가 방문했다. 당시 스미스는 소모적인 방법으로는 경쟁 상대들을 물리칠 수 없으니 네트워크 마케팅 사업을 해보자는 제안을 내놓았고, 이후 엑셀은 스미스의 제안을 검토해 1989년 정식으로 네트워크 사업을 시작했다.

이때 엑셀은 MCI라는 회사를 기반으로 삼았다. MCI는 거대통신회사인 AT&T의 독점을 네트워크마케팅을 적용하여 신화적인 기업이 되었다.

이 집에 가도 AT&T 가입자가 있고 저 집에 가도 AT&T가입자들뿐인 상황에서 암웨이라는 네트워크 마케팅 조직을 찾아갔고, 이미 만들어져 있는 암웨이의 네트워크에 자기 상품을 올려 수많은 소비자를 가입자로 확보한 것이다.

즉 MCI가 최초로 개인이 통신 서비스를 판매할 수 있는 길을 튼 이후 공격적인 마케팅인 네트워크 마케팅의 유용한 성과가 널리 퍼지면서 엑셀도 이 시장에 뛰어들었다.

물론 그 결과는 대 성공이었다. 이들은 한 명을 가입시키면 친구와 가족을 가입시키고 그 사람이 그 다음에 또 다른 사람을 가입시키는 형태로 가입자를 늘려갔다. 더불어 입에서 입으로 구전 광고 효과도 나타나 총매출의 단 1%도 낭비하지 않고 치열한 통신경쟁 시장에서 400만 명 이상 가입자를 달성함으로써 전 세계 1,300조원 이상의 통신시장에 3% 이상을 점유했다.

실제로 1990년도 후반기 미국에서 사회, 경제, 문화적으로 가장 센세이션을 일으킨 회사를 들라면 모두들 엑셀을 꼽을 정도다. 그리고 엑셀이 이처럼 네트워크마케팅으로 성공할 수 있었던 것은 바로 앞으로 다가올 통신 시장의 확장, 더불어 그 안에서 돈 되는 정보를 찾아낸 관찰력, 그리고 그것을 실천한 행동력이었다고 할 수 있다.

1998년 1월 1일, 한국에서도 전기통신 사업법이 시행되면서 국내에서도 통신 네트워크마케팅이 시작되었다. 이 사업은 새로운 개념의 이동통신 사업으로 기존의 이동통신 대리점과 같이 막대한 자본이나 점포가 없이도 개인별 이동통신 대리점사업을 어느 누구나 시작할 수 있게 되었다.

2004년도 부터는 번호이동성 제도와 함께 가입자가 사업자인 동시에 새로운 가입자를 유치하고, 그로 인해 발생하는 통신요금의 관리수수료를 매월 지급받는 구조로 네트워크마케팅 기업과 KTF, LGT 등이 가입자 확보에 활용하고 있다.

5

정보의 격차가 미래를 바꾼다

21세기는 산업사회에서 정보사회로 전환되는 시대, 이른바 불확실성 시대라고 불린다. 디지털과 네트워크가 세상을 지배하면서 수많은 정보가 홍수처럼 쏟아진다. 이 중에 유용한 정보를 선택하고 가려낸다는 것은 쉽지 않은 일이다. 그러나 급변하는 주변 환경을 잘 파악하면 이 중에서도 유용한 정보를 얻을 수 있고, 이 때문에 많은 이들이 디지털과 네트워크라는 정보의 바다를 지배하기 위해 노력하고 있다.

오늘날 지식 정보사회에서 디지털과 네트워크를 활용하지 못하면 어떤 기업도 생존할 수 없다는 것은 이미 누구나 알고 있는 사실이다. 더욱이 이윤 추구 기업들은 원하든 원치 않든 네트워크를 장악하여 경제를 지배하고 수익을 독식하는 승자독식주의에서 벗어날 수 없다. 즉 가만히 손 놓고 있다가는 아무 저항도 하지 못한 채 생존의 위기에 직면해 버 리는 것이다.

과거 산업사회에서는 일반적인 기업과 지배적인 선도 기업 사이의 생산성 격차가 15%에 불과했다. 그러나 디지털 경제시대로 진입한 2000년 이후 이들의 생산성 격차는 40%대까지 벌어졌고, 매년 그 격차 폭도 확대되고 있다고 한다.

이는 누가 네트워크 정보를 지배했느냐의 차이에서 발생한다. 즉 이제는 정보를 구분하는 능력과 네트워크 구축 능력에 따라 빈익빈 부익부 현상이 더욱 가속화될 것이며, 양질의 올바른 정보를 얻지 못하는 기업이나 개인은 절대 빈곤으로 하락하게 될 것이다.

최근 들어 사회적 이슈가 되고 있는 중산층 붕괴는 결코 개인에게만 일어나는 일이 아니다. 앞으로 기업과 경영자 모두가 자칫 잘못하면 절대 빈곤층으로 떨어지게 될 것이다. 즉 '부자가 되지 않으면 절대 빈곤층으로 추락하는 시대' 로 전환되고 있는 셈이다.

이 같은 상황에서 네트워크에 참여하는 것은 기업과 사업자들의 생존을 위한 노력이며, 따라서 좋은 정보를 올바른 통로로 얻는 일의 중요성이 점점 커지고 있다고 할 수 있다.

성공을 부르는 강력한 메시지

삶을 살아가는 데는 두 가지 관리 방식이 있다. 하나는 위기에 집중하는 방식이고 다른 하나는 목표에 집중하는 방식이다. 문제점에 빠져 있으면 큰 그림을 볼 수 없듯이 목표에 집중할 수 있는 8가지 방법을 이용해 위기를 벗어나라.

① 선택 - 새로운 기회를 통해 의욕을 가져라.

② 명확한 목표와 정기적인 확인 - 반복적으로 목표를 각인시켜서 스스로에게 성공의 주문을 걸어라.

③ 계획 - '일에 빠져 있는' 대신 '일에 대해 생각하는' 시간을 가져라.

④ 채워져 있는 절반 - 기회, 가능성, 이익에 집중하라.

⑤ 동반자 관계 - 동반자 관계를 통해 갈등을 화합으로 돌려라.

⑥ 확고한 의지 - 실패를 걱정하지 말고 꿈에 집중하라.

⑦ 투명성 - 상대방을 속이지 말고 투명하게 협력하면 둘 다 승리자가 된다.

⑧ 원대함 - 작게 생각하면 모든 게 작아진다. 크게 생각해야 성공도 커진다.

제8장

네트워크 비즈니스에서 성공은 가능하다

1

달콤한 말을 경계하라

현대인들은 이성과 감성이라는 두 가지 창을 통해 세상을 바라본다. 그리고 이를 적절히 활용해 자신에게 올바른 선택을 내린다. 그러나 지금껏 많은 사례들을 보면 사실상 사람은 이성보다는 감성이 더 발달한 존재일 수도 있다는 생각이 들곤 한다.

우리가 흔히 거짓말이라고 생각하는 것들은 대개 달콤한 모습으로 다가온다. 특히 자본주의사회에서 가장 달콤한 거짓말은 바로 '돈에 대한 거짓말' 일 것이다.

이런 거짓말은 일단 자극적으로 다가오고, 설사 그것이 진실이 아니라는 것을 깨닫게 돼도 이미 마음속에서 그것을 원하게 된다.

우리가 흔히 겪는 거짓말을 보자. 일확천금이 가능하고 이를 통해 행복해질 수 있다는 거짓말, 노력 없이도 부자가 될 수 있다는 거짓말, 누구나 성공한다는 거짓말…. 이 모두가 진짜라고 믿는 사람은 거의 없다. 그럼에도 불구하고 그들은 자신도 모르게 그 거짓말에 빠져들고 커다란 실패를 맛본다. 감성의 안내에 욕망이 앞서 성급한 결론을 내린 결과다. 그때 가서 '진작 알았더라면…', '진작 알려줬더라면…' 이라고 자신과 남을 원망해도 아무 소용이 없다. 이제 우리는 스스로 자기 곳간을 만들고, 스스로 자기 인생의 운영자가 되어야 한다. 또한 스스로 달콤한 미래를 만들기 위해 자신의 선택과 행동에 책임을 져야 한다.

지금까지 달콤한 거짓말에만 귀를 기울여 왔다면, 이제는 쓴 소리에 귀를 기울이는 사람이 될 필요가 있다. 귀에 달콤한 것은 입에 쓰고, 귀에 쓴 말이 나중에는 오히려 좋은 결과로 돌아오는 경우가 많다는 점을 염두해 두자.

성공을 위한 마음가짐 3가지

1. 모든 것에 대해 긍적으로 분석하여 받아들인다.
2. 항상 상대방을 미소로 대한다.
3. 긍정적인 자세로 배려해야 한다

2

실수에서 배워라

IBM의 창시자인 왓슨 시니어에게 누군가 '회사에서 인정받고 승진하려면 어떻게 해야 하느냐'고 묻자 그는 이렇게 대답했다고 한다.

"예전보다 실수하는 횟수를 두 배로 늘리시오."

성공한 사람들의 일화를 보면 화려한 성공만 존재하는 것이 아니다. 그들은 실패한 가운데에서 자신의 길을 찾고 오히려 강한 사람이 될 수 있었다. 사실 실패자는 실패 그 자체 때문에 생기는 것이 아니다. 그 실수나 실패로부터 배우고 거기에서 한 발자국 나아가는 사람은 실패자가 아니다. 반대로 그 실패로부터 모든 것을 포기한 사람, 그가 바로 실패자다. 즉 실수를 하느냐 하지 않느냐는 그다지 중요한 문제가 아니라는 것이다.

우리가 꿈꾸는 삶으로 나아가지 못하게 막는 것은 바로 두려움일 것이다. 실수할지 모른다는 두려움, 실패할지 모른다는 두려움, 다른 사람을 실망시키는 것에 대한 두려움. 이 모든 두려움은 용기를 꺾고 현실에 안주하게 만든다. 그러나 더 이상 두려움이 당신의 조언자가 되도록 놓아두어서는 안 된다.

여기서 미국의 토크쇼 진행자인 오프라 윈프리의 한마디를 들어보자.

"나는 실패를 믿지 않는다. 당신이 중간에 재미를 느꼈다면 그것은 실패한 것이 아니다."

실패라는 것은 우리의 두려움이 만들어낸 상상에 불과할지도 모른다. 거기에는 실패가 있는 것이 아니라 오직 과정이 있을 뿐이다. 세상의 거의 모든 위대한 성공은 초반의 실패를 딛고서 얻어질 수 있었다는 점도 이를 증명하고 있지 않은가.

3

만족하지 말라

사실 목표를 정하는 일은 쉬울 수도 있다. 그러나 그 목표에 도달하는 것은 사실상 아주 힘든 일이다. 그러나 목표 없는 삶만큼 힘든 것도 없다는 점에서 목표가 있다는 것은 행복한 일이다.

우리는 흔히 자신에게 어떤 능력이 있는지도 모르고 그저 세상을 살아가는 사람들을 보게 된다. 그런 이들은 자신의 장점을 모른 채 주어진 것에만 만족하고 살아간다. 그러나 인간은 자기가 가진 모든 능력을 남김없이 발휘한 다음에야 비로소 삶이 무엇인지를 희미하게나마 마음으로 느끼게 된다. 그것이야말로 우리가 인간으로 태어나 자신의 소명을 다하게 되는 이유일 것이다.

소프트뱅크 사장인 손정의는 이렇게 말했다.

"기업가는 꿈을 강렬하게 가지고 또 거기에 빠져든다. 생겨나는 수많은 문제점들을 무슨 일이 있어도 해결하고야 말겠다고 생각하는것, 이것이 바로 기업가가 가져야 할 가장 중요한 자세라고 생각한다."

이것은 기업인으로서의 그의 의지와 신념, 더 나아가 삶의 목표에 관한 모든 것을 보여준다. 굳이 이런 기업가가 아니라도 좋다.

의미 있는 삶을 살고자 한다면 내게 걸맞은 목표를 가지고 거기에 매진해서 나아가야 한다. 만족에 굴복하는 것은 평범한 사람들에게는 축복일지 모르지만 열망하는 사람에게는 독과 같다. 모든 사람이 그저 만족만 하고 산다면 더 나은 세상은 결코 다가오지 않는다는 점을 기억하자.

지금까지 이뤄온 모든 놀라운 일들은 모두가 각자의 영역에서, 각자의 능력 범위 안에서 최선을 다했기 때문일 것이다. 목표를 정하는 순간, 이미 세상은 당신에게 아주 중요한 곳이 된다. 그때부터 우리의 모든 행동은 우리를 목표로 가깝게 이끌게 될 것이다. 세상에 중간은 없다. 결정을 확고하고 신속하게 하라.

4

승리할 것이라는 예측이 항상 맞는 것은 아니다

경제가 호황일 때는 대개 '이 호황이 영원히 지속될 것' 이라고 생각하게 마련이다. 또한 한동안 돈이 잘 들어오면 앞으로는 더 많이 벌게 될 것이라고 믿는다. 그러나 훌륭한 재정 상담인들은 항상 다가올 흉년을 대비해 지금을 더 열심히 살라고 강조한다.

그런가 하면 좋은 시기를 좋은 시기로 여기지 못하는 사람들도 있다. 아주 곤궁하다고 느껴도 그것이 사실은 풍년이자 행복일 수 있다는 뜻이다.

지금 하고자 하는 일을 하지 않는 것도 누군가 자신의 꿈과 목표를 좀더 호황이 올 때 시도하겠다며 미뤄두기 때문이다. 그러다가 흉년이 몰아

닥친 다음에야 비로소 '그때 해볼 것을'이라고 후회한다.

즉 우리는 우리의 예측이 항상 빗나갈 수 있음을 인지하고 있어야 한다. 동시에 지금 내 상황이 어느 쪽에 놓여 있는지, 이 순간 내가 할 수 있는 최선은 무엇인지를 항상 인식하고 살아가야 한다. 그런 삶에 대한 겸손함은 지금 이 순간뿐만 아니라 앞으로 다가올 많은 난관들까지도 거뜬히 이겨낼 수 있는 힘을 줄 것이다.

5

변화를 위한 5단계 법칙을 따라야 크게 성공한다

변화란 한순간에 일어나는 것이 아니다. 물론 사고의 능력이 한정되어 있는 어린아이들의 경우는 복잡한 단계와 과정 없이도 순간적인 감정적 변화 속에서도 얼마든지 변화한다. 그러나 이미 관념의 틀이 만들어진 우리는 변화 또한 의식적인 노력과 신중한 과정을 거쳐 진행해야 한다.

다음은 변화의 다섯 단계를 언급한 것으로 네트워크마케팅에서 이 다섯 단계를 모두 적용할 경우 변화를 맞이하게 된다.

① 현실 파악 : 당신의 현재 상태를 둘러본다. 무언가 정신이 없고 온통 만족스럽지 못한 것들 투성이다. 따라서 변화를 위해선 무언가 해야 한다

는 생각을 하게 된다.

예 : 당신은 최근 들어 업무에 치여 스트레스를 받으면서도 정작 사업진행은 게을렀다. 오늘 당신은 무언가 변화가 필요하다고 생각하고 첫 번째 룰을 정한다. 오늘 이것을 모두 처리할 때까지는 절대 자리에서 일어나지 않겠다고 결심한다.

② **질문 : 그러나 아무리 집중해도 무언가 진전되지 않는 경우가 있다. 그럴 때는 일을 지속하되 지금껏 돌아보지 못한 문제가 있다는 것을 깨닫고 이를 해결하기 위한 방법을 모색할 필요가 있다.**

예 : 계속 일했는데도 성과가 없다. 그제야 당신은 무언가 이 방법이 잘못되었다는 것을 느낀다. 그리고 자신에게 질문하기에 이른다. '어떻게 해야 더 효과적으로 좋은 결과를 얻을 수 있을까?' 이때는 새로운 전략을 세우기 위해서 관련 서적을 찾아 읽기도 하면서 여러모로 애를 쓴다. 하지만 지속적이고도 결정적인 변화는 좀 더 기다려야 한다.

③ **모방 : 무언가 새로운 시도를 했는데도 그것이 큰 도움이 되지 않는다는 생각이 든다. 책에 쓰인 글귀들은 이상하게도 현실에 와 닿지 않는다. 누군가 나를 도와줄 수 없을까 생각하게 되지만 딱히 그런 사람들도 없는**

것 같다. 그럴 때는 누군가 이 분야에서 성공한 사람들이 있음을 깨닫고 그들을 모방해야 한다.

예 : 모든 것이 뒤죽박죽이 되어버리고, 근본적인 문제를 해결하자니 시간과 노력도 엄청나게 필요하다. 그러나 그런 상황에서 나의 모델이 될 만한 사람을 모방한다면 좀 더 효과적으로 자아를 발전시키는 것이 가능하다. 즉 지금은 자신이 늘 바라왔던 그런 사람이 되기 위해 시간을 투자해야 한다. 평소 자신이 감탄해 마지않는, 자신에게 모범이 되는 사람을 마음의 스승으로 삼아 그의 삶과 나의 삶을 겹쳐보며 길을 찾아본다.

④ 시각 전환 : 조금씩 삶을 재정리하다 보니 지금껏 자신이 편견에 갇혀서 살아왔다는 것을 느끼게 된다. 다른 사람을 대하거나 사업에 대해 기준을 잘못 잡았다는 생각이 든다. 또한 내가 나아갈 방향 설정에도 문제가 있었다는 생각이 든다. 이제 그 시선을 조금씩 바꾸기로 해본다.

예 : 세상은 보는 시각에 따라 얼마든지 달라진다. 일을 하는 것도 마찬가지다. 아무리 힘든 일을 해도 그 안에서 희망을 읽어내고 그것이 내 장기적인 발전에 도움이 될 것이라고 믿으면 그 또한 다른 의미로 다가오게 된다. 이것을 바꾸려면 세상을 다르게 볼 수 있는 새로운 안경을 껴야 한

다. 신비로운 일이지만 이 세상은 하나의 진실로, 하나의 현실로만 굴러가는 것이 아니다. 그저 우리가 받아들이는 현실이나 진실이 하나일 뿐이다. 이때 새로운 시각 전환을 통해 다른 안경을 통해서 바라보면 세상은 전혀 다른 모습을 보여준다.

예를 들어 돈에 대한 안경을 보자. 어떤 이는 돈은 탐욕스럽고 남을 해하고, 사람을 이기적으로 만드는 것이라고 생각한다. 그러나 다른 안경을 쓰면 그 돈으로 배고픔을 해결하고, 병원을 짓고, 가난한 사람을 도와줄 수 있다고 생각한다. 이 중에 어떤 안경을 선택할지는 본인의 몫이다.

⑤ **정체성의 변화 : 사람은 겉껍데기만 바꾼다고 해서 변하는 것이 아니다. 인간에게 가장 강력한 변화는 그 자신의 정체성, 즉 내면의 깊은 곳을 바꿀 때 생긴다. 그 시작은 바로 자기가 자기 자신을 바라보는 시각에 대한 문제다.**

예 : 같은 사업이라도 자신을 영업사원으로 생각하는지, 아니면 전문가로 보는지에 따라 실적도 분위기도, 하는 일의 종류마저도 달라질 수 있다. 자신을 바라보는 모습은 일종의 자기암시로서 결국 우리 미래의 모습을 볼 수 있다.

··

쉽게 알아보는 네트워크 마케팅 사업에 대한 질문과 답변

1. 회원가입을 통해 돈을 버는 구조입니까?

아닙니다. 이 사업은 가입 자체만으로는 별 의미가 없습니다. 흔히 불법 피라미드사업에서는 강제로 물건을 떠넘기는 식으로 이윤을 착취하기도 하지만, 네트워크사업에는 그저 경험이 많은 사람과 이제 시작한 사람이 팀을 구성해 서로 도우며 사업을 진행할 뿐 상하 관계란 애초부터 존재하지 않습니다.

또한 누군가를 회원으로 가입시켜 커다란 금액을 받는 것도 아니며, 단지 사업을 소개시켜 주고 그로부터 소비를 통해 발생한 이윤을 분배하는 극히 합리적인 사업입니다.

우리 주변에는 이런 사업을 간절히 원하는 사람이 얼마든지 많습니다.

즉 누군가에게 사업을 함께 할 것을 권하는 것은 그 사람과 좋은 파트너가 되어 함께 성공을 이루고자 함이며, 좋은 정보를 공유함으로써 더 큰 성공을 이루고자 하는 것일 뿐 회원을 통해 돈을 버는 것이 목적이 아닙니다.

2. 먼저 시작하는 사람이 유리합니까?

어떤 사업이든 먼저 시작한 사람이 늘 유리한 법은 없습니다. 신규 사업자가 기존 사업자를 훌쩍 뛰어넘기도 하고, 단기간에 성장하는 사람들도 있으니까요.

실제로 어떤 분야든 수없는 회사가 무너지고 또 다른 신생 회사들이 생겨납니다. 오히려 네트워크 비즈니스는 자본금이 들지 않으므로 도산이라는 것이 존재하지 않을뿐더러, 오직 얼마나 열심히 사업을 하느냐에 따라 성과가 달라집니다. 먼저 시작한 사람이 유리하다는 말은 근거가 없다고 봐야 합니다.

3. 경제적 여유가 없는데 사업을 할 수 있나요?

많은 이들이 이 사업을 시작하는 것도 지금보다 나은 경제적 여유를 위해서입니다. 즉 돈이 없기 때문에 경제적 시스템을 구축하는 것입니다. 이 사업은 큰돈이 드는 것이 아닙니다. 생활용품은 일종의 소모 상품이자 기호 상품이므로 어차피 사용 후 바꿔야 합니다. 다만 이 기회에 바꿔서 소비를 하며 이윤을 얻는 편이 낫다는 것뿐입니다.

4. 과거 비슷한 사업을 해본 이들이 돈이 안 된다고 하던데요?

아이템이 좋다고 해서 그 아이템으로 하는 모든 사업이 성공하는 것은 아닙니다. 무조건 일반화하기 전에 과거의 사업이 어떤 형태였는지 돌이켜보고 그 다음 비교를 해보면 네트워크 사업을 좀 더 잘 이해하게 되지 않을까요? 사업의 내용과 전개방식, 보상구조 등을 확인해보면 대부분이 정상적인 시스템을 따르지 않았거나 없었던 경우입니다. 자신을 사업진행에 따른 마인드를 변화시켜야 하고 이는 교육을 통해 이루어집니다. 지속적인 자기계발은 절반의 성공을 보장합니다.

5. 하다가 그만둬도 계속 수입이 발생하나요?

한번 구입한 제품에 대해 사용 후 좋은 반응이 있을 경우 재 구매가 이루어지니 손해 볼 일이 없습니다. 또한 스폰서와 파트너 각자의 사업으로 진행되는 한편 사업을 그만둬도 단순히 그 제품을 사용하는 것만으로도 수입이 발생합니다. 특히 멤버십이 커지고 각 멤버 그룹 내에 리더가 자체적으로 이끌기 시작하면 권리소득 형태의 지속적인 소득이 나옵니다.

6. 전달과 모집이 어렵다던데요?

네트워크 사업은 물건 하나를 팔기 위해 초인종을 누르는 영업 형태의 판매가 아닙니다. 일단 시스템이 구축되면 자연스럽게 다른 멤버십으로 연결되므로 많은 사람을 필요로 하는 사업도 아닙니다. 따라서 정보를 잘 전달하고 소비자를 구축 하게 되면 저절로 진행되는 사업입니다. 이 관계를 통해 신뢰를 쌓고 리더십을 발휘하면 확고한 사업으로 성장합니다.

7. 말을 잘 못해서 걱정인데 괜찮을까요?

이 사업은 말로 유혹하는 사업이 아니며, 말을 잘 못하는 것이 오히려 나을 수 있습니다. 있는 그대로를 사실로서만 이야기하는 것이 오히려 진실성을 전달하는 데 낫기 때문입니다. 또 하나 기억해야 할 것은 아무리 말 잘하는 사람도 처음부터 그랬던 것은 아니라는 점입니다. 이 부분은 차근차근 배우면 됩니다.

8. 인맥이 없어서 어렵지 않나요?

아마 이 부분이 많이 걱정이 되실 것입니다. 충분히 공감합니다. 하지만 이 사업을 진행한 많은 이들의 경험으로 볼 때, 이 사업에는 결코 많은 인맥이 필요한 것은 아닙니다. 인맥 중에 믿을 만한 몇 사람으로도 서로 서로 도우면서 이끌어가는 것이 충분히 가능합니다. 또한 사업을 하다 보면 자연스레 인맥을 만들 기회가 수없이 다가옵니다.

9. 시간 소요가 많을까요?

우리가 이 사업을 하는 것은 좀 더 큰 시간적, 경제적 자유를 얻기 위해서입니다. 이 사업이 팀웍사업으로 자리를 잡으려면 1~2년이 걸립니다. 어찌 보면 다른 사업들에 비해 많은 시간을 필요로하지 않는 것일 수도 있습니다. 1년에서 2년은 자신과 미래를 위해 투자한다고 생각하면 결코 긴 시간이 아닙니다.

이제 딜레마는 없다

딜레마란 이도저도 선택하기 곤란한 경우를 일컫는 말입니다. 삼국지에 나오는 '계륵'과 비슷합니다. 요즘시대 네트워크마케팅은 먹자니 별볼일 없고 버리자니 아까운 계륵일까요?

지금 시대를 사는 대부분의 사람들이 네트워크, 또는 다단계란 말을 들어 보았을 것입니다. 개인의 경험과 간접적인 이해를 바탕으로 다양한 평가를 하고 있는 것도 사실입니다. 많은 분들이 한두 번 접해보기도 했습니다. 그러나 다양한 논란 속에서도 네트워크 마케팅에 대한 이해는 아직 부족한 실정입니다. 때로는 회사중심으로, 제품중심으로, 그리고 개인적 선호도 중심의 이해를 바탕으로 다양한 견해들을 가지고 있습니다. 이제는 올바른 개념을 정립할 때가 되었습니다.

네트워크마케팅의 역사는 법률적으로 정상적인 비즈니스모델로 자리잡은 지 20년이 되어갑니다. 그리고 많은 회사들이 명멸을 거듭해 가는 중 원리에 충실한 기업들이 장족의 발전을 해 온 것 또한 사실입니다. 오해와 굴절의 역사를 지나 온 시간들이었지만 시대가 요구하는 변화의 한 축을 담당해 왔습니다. 지난 2007년 다보스 포럼은 이런 변화들의 중심에 생산자경제에서 소비자경제로의 이전이 있다고 선언한 바도 있습니다. 네트워크비즈니스 모델은 변화를 수용하는 소비자 중심의 경제모델입니다.

이제 딜레마는 없습니다. 비전을 보느냐 보지 못하느냐의 문제와 선택하느냐 하지 않느냐의 문제일 뿐입니다. 개인의 입장에서 위험부담 없이 자신의 재정적인 문제를 해결하고 안정적 미래를 보장받고 싶어 하는 것은 누구나 당연한 일입니다.

길어지는 노후, 고용의 불안정, 밀도 깊게 연결되는 사회, 평생교육을 받을 기회 등을 해결할 수 있는 뛰어난 모델입니다.

선택을 위해서 우리가 갖추어야 할 것은 시대를 읽는 눈과 자신을 올바로 평가할 수 있는 지혜와 안목입니다. 무엇을 원하는지, 그것을 어떻게 달성할 수 있는지를 고민한다면 네트워크마케팅은 그 대안이 될 수 있습니다. 현재 사업을 하고 있는 분은 원리에 충실하고 올바른 방법을 고수한다면 반드시 원하는 바를 달성할 수 있으리라 확신합니다. 동시에 정보를 접하고 고민하고 있거나 아직 사업을 부정적 시각에서 바라보고 있다면 진지한 검토가 필요한 시점입니다. 점점 무르익어가는 네트워크 경제에서 낙오자가 되거나 기회를 놓친 아쉬움을 토로하지 않았으면 하는 바람입니다.

이 책을 잡은 모두의 성공과 건강 그리고 행운을 기원합니다.

2009년 1월
이천에서 김태균

참고도서 및 자료

• 돈을 벌고 싶다면 숫자에 주목하라 / 고야마 노보루 / 비즈니스맵
• 한국의 미래기술혁명 / 김수삼 외 8인 / 김영사
• 미래를 읽는 9가지 방법 / 하인호 / 일송북
• 비즈니스 열쇠 / 백상철 / 개미와 베짱이
• 학원설명회 절대로 가지마라 / 박재원 안덕훈 / 스쿨라움
• 디지털 괴짜가 미래 소비를 결정한나 / 황상민 / 미래의 창
• 알파고객을 잡아라 / 이성동 / 이가서
• 보도 새퍼의 돈 / 보도 새퍼 / 북플러스
• 통계가 전하는 거짓말 / 정남구 / 시대의창
• 투게더 마케팅 / 김승용 / 모아북스
• 디지털경제시대의 생존법칙 / 김종서 / 참콘경제연구소
• 끌리고 쏠리고 들끓다 / 클레이 서키 / 갤리온
• CEO 꿈꾸는 당신이 꼭 읽어야 / 신동아 77주년 연속 별책
• 부자만 알고 나는 몰랐던 자산 관리법 / 김춘호 김윤석 이제춘 / 황매
• 푼돈의 경제학 / 장순욱 / 살림
• 부의 이동 / 윤철경 / 모아북스
• 백만장자 코스 / 마크앨런 / 비전하우스
• 까다로운 고객유혹의 기술 / 조태현 / 비전코리아
• 경제지식이 미래의 부를 결정한다 / 김성철 / 원앤원북스
• 보험전문기자가 밝히는 보험의 진실 / 홍수용 / 한스미디어
• 하인리히 법칙 / 김민주 / 토네이도
• 커스터머 인사이드 / 이은영 외 / 삼성경제연구소
• 소비생활백서 / 구재성 / 비즈페이퍼
• 펀드투자 교과서 / 주우현 / 비전코리아
• 블로그 콘서트 / 김광현 / 한국경제신문
• 부의 미래 : 앨빈토플러 / 청림출판
• 언론보도자료 : 조선일보, 네이버, 다음, 네트워크신문, 조은뉴스

마음만 급한 아침시간을 줄여줄 63가지 패턴

나를 변화시키는 좋은 습관들은 아침 출근시작 속에서 발견하게 된다. 사람들은 누구나 자신의 생활방식에 대한 불만으로 답답해한다. 어떻게 하면 이상적인 하루를 보낼 수 있을까? 하지만 그 비결은 쉽게 발견할 수도 누군가가 대신 가르쳐줄 수도 없지만 '출근시작 30분 전'에 보다 많은 앞으로 해야 할 일을 정리하게 도와주고 있다.

출근 시작 30분 전

김병섭 지음 | 232쪽 | 값 5,000원

당신의 몸속으로 들어오는 먹을거리가 생명을 위협하고 있다!

이제는 '무엇을 먹을 것인가'를 고민하는 단계를 넘어 '무엇을 먹지 않을 것인가'를 생각해야 한다. 이 책은 단순히 건강에 관한 간략한 정보를 전달하는 책이 아니라 우리 가족의 건강이 각종 식품첨가물과, 트랜스 지방, 유전자 변형식품들에 의해 병들어 가고 있는 실태와 최근 우리 사회에 문제화 되고 있는 각종 유해물질의 무분별한 섭취에 대한 대안과 그 문제점에 대해 실체를 밝히는 웰빙 밥상의 보고서이다.

달콤한 맛 속에 숨겨진
웰빙밥상보고서

윤철경 지음, 구본홍 의학 · 한의학 박사 감수 | 112쪽 | 값 6,000원

네트워크마케팅 회사가 알려주지 않는 진실

굿바이 딜레마

1판 1쇄 발행 I 2009년 2월 10일
1판 1쇄 발행 I 2009년 2월 15일

자은이 I 김태균
발행인 I 이용길

발행처 I 개미와베짱이
총괄기획 I 정윤상
편집주간 I 이경수
편집위원 I 최성배
홍보 I 안희섭
영업 I 권계식
관리 I 윤재현
디자인 I 이룸

출판등록번호 I 제 396-2004-000095호
등록일자 I 2004. 11. 9
등록된 곳 I 경기도 고양시 일산구 백석동 1332-1 레이크하임 404호
대표 전화 I 0505-627-9784
팩스 I 031-902-5236
홈페이지 I http://www.moabooks.com
이메일 I moabooks@hanmail.net
ISBN I 978-89-92509-18-3 03320

· 좋은 책은 좋은 독자가 만듭니다.
· 본 도서의 구성, 표현안을 오디오 및 영상물로 제작, 배포할 수 없습니다.
· 독자 여러분의 의견에 항상 귀를 기울이고 있습니다.
· 저자와의 협의 하에 인지를 붙이지 않습니다.
· 잘못 만들어진 책은 구입하신 서점이나 본사로 연락하시면 교환해 드립니다.

개미와베짱이 는 독자 여러분의 다양한 원고를 기다리고 있습니다.
(보내실 곳 : moabooks@hanmail.net)